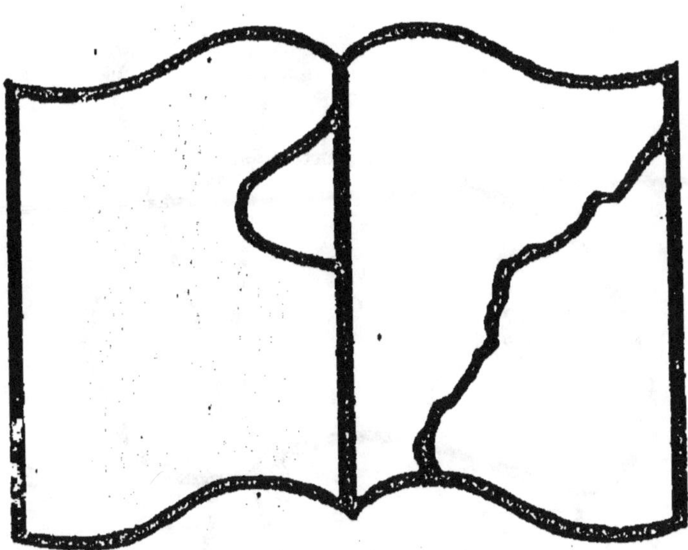

COUVERTURES SUPERIEURE ET INFERIEURE
DETERIOREES

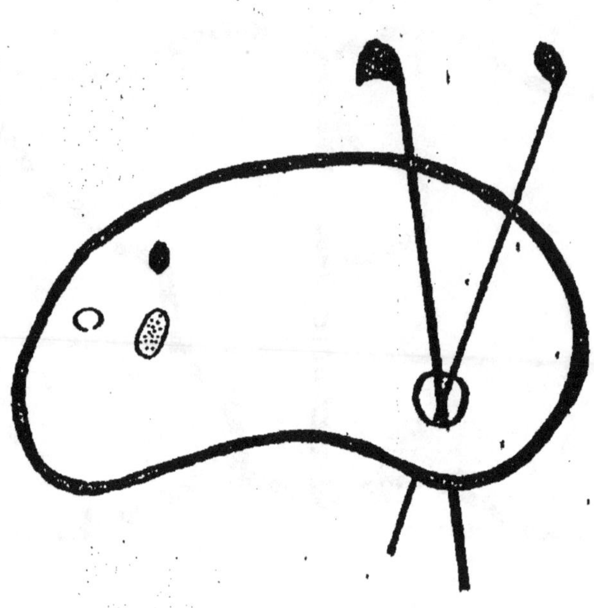

DEBUT D'UNE SERIE DE DOCUMENTS
EN COULEUR

LA CHARITÉ

AUX PREMIERS SIÈCLES DU CHRISTIANISME

PAR

André BAUDRILLART

Agrégé de l'Université

PARIS

LIBRAIRIE BLOUD & Cie

4, RUE MADAME ET RUE DE RENNES, 59

1903

SCIENCE ET RELIGION

Études pour le temps présent. — Prix : 0 fr. 60 le vol.

— Certitudes scientifiques et certitudes philosophiques, par R. P. DE LA BARRE, S. J., prof. à l'Institut catholique de Paris. 1 v

— *Du même auteur :* L'Ordre de la nature et le Miracle. 1 v

— L'Ame de l'homme, par J. GUIBERT, supérieur du séminaire l'Institut catholique de Paris. 1 v

— Faut-il une religion ? par l'abbé GUYOT. 1 v

— *Du même auteur :* Pourquoi y a-t-il des hommes qui ne professent aucune religion ? 1 vo

— Nécessité scientifique de l'existence de Dieu, par COURBET. 1 vo

— *Du même auteur :* Jésus-Christ est Dieu. 1 vo

   id. Convenance scientifique de l'Incarnation. 1 vo

— Études sur la pluralité des mondes habités et le dogme d l'Incarnation, par le R. P. ORTOLAN.

  I. — *L'Épanouissement de la vie organique à travers les plaines d l'infini.* 1 vo

  II. — *Soleils et terres célestes.* 1 vo

  III. — *Les Humanités astrales et l'Incarnation.* 1 v

— *Du même auteur :* La Fausse Science contemporaine. 1. Mystères d'Outre-tombe. vo

   id. Vie et Matière ou Matérialisme et spiritua lisme en présence de la Cristall génie. 1 vo

   id. Matérialistes et Musiciens. 1 vo

— L'Au delà ou la Vie future d'après la foi et la science, pa l'abbé J. LAXENAIRE. 1 vo

— Le Mystère de l'Eucharistie. — Aperçu scientifique, pa l'abbé CONSTANT. 1 vo

— *Du même auteur :* Le Mal, sa nature, son origine, sa répa ration. 1 vo

— L'Eglise catholique et les Protestants, par O. ROMAIN. 1 vo

— *Du même auteur :* L'Inquisition, son rôle religieux, politique e social. 1 vo

— Mahomet et son œuvre, par I. L. GONDAL, professeur d'apolo gétique et d'histoire au séminaire Saint-Sulpice. 1 vol

— *Du même auteur :* L'Eglise Russe. 1 vol

— Christianisme et Bouddhisme (*Etudes orientales*), par l'abb THOMAS, vicaire général de Verdun. 2 vo

— *Du même auteur :* Dieu auteur de la vie. 1 vo

   id. La Fin du monde d'après la Foi. 1 vol

— Où en est l'hypnotisme, son histoire, sa nature et ses danger par A. JEANNIARD DU DOT, auteur du *Spiritisme dévoilé.* 1 vo

— *Du même auteur :* Où en est le Spiritisme. 1 vo

   id. L'Hypnotisme et la science catholique, 1 vo

   id. L'Hypnotisme transcendant en face de philosophie chrétienne. 1 vol

— **L'Apologetique historique au XIX⁰ siècle. La Critique irréligieuse de Renan**, etc., par l'abbé Ch. DENIS.   1 vol.

— **Nature et Histoire de la liberté de conscience**, par l'abbé CANET.   1 vol.

— **L'Animal raisonnable et l'Animal tout court**, par C. de KIRWAN.   1 vol.

— **La Conception catholique de l'Enfer**, par l'abbé BRÉMOND. 1 vol.

— **L'Attitude du catholique devant la Science**, par G. FONSEGRIVE.   1 vol.

— *Du même auteur :* **Le Catholicisme et la Religion de l'Esprit.**   1 vol.

— **Du Doute à la Foi**, par le R. P. TOURNEBIZE, S. J.   1 vol.

— *Du même auteur :* **Opinions du jour sur les peines d'outre-tombe.**   1 vol.

— **La Synagogue moderne, sa doctrine et son culte**, par A. F. S. BIN.   1 vol.

— *Du même auteur :* **Le Talmud et la Synagogue moderne.** 1 vol.

— **Evolution et Immutabilité de la doctrine religieuse dans l'Eglise**, par M. PRUNIER, supérieur de grand séminaire.   1 vol.

— **La Religion spirite, son dogme, sa morale et ses pratiques**, par J. BERTRAND.   1 vol.

— *Du même auteur :* **L'Occultisme ancien et moderne.**   1 vol.

— **L'Hypnotisme franc et l'Hypnotisme vrai**, par le Docteur HÉLOT.   1 vol.

— **L'Eglise et le Travail manuel**, par l'abbé SABATIER.   1 vol.

— **Unité de l'espèce humaine**, *prouvée par la similarité des conceptions et des créations de l'homme*, p. le marquis de NADAILLAC.   1 vol.

— *Du même auteur :* **L'Homme et le Singe.**   2 vol.

— **Le Socialisme contemporain et la Propriété**, par M. G. ARDANT.   1 vol.

— **Pourquoi le Roman à la mode est-il immoral et pourquoi le Roman moral n'est-il pas à la mode ?** p. G. d'AZAMBUJA.   1 vol.

— **Comment se sont formés les Evangiles ?** par le P. Th. CALMES, professeur au grand séminaire de Rouen.   1 vol.

— **L'Impôt et les Théologiens**, *Etude philosophique, morale et économique*, par le comte de VORGES, ancien ministre plénipotentiaire, membre de l'Académie de Saint-Thomas, etc., etc.   1 vol.

— *Du même auteur :* **Les Ressorts de la Volonté et le libre arbitre.**   1 vol.

— **Nécessité mathématique de l'existence de Dieu.** *Explications.* — *Opinions, Démonstrations*, par René de CLÉRÉ.   1 vol.

— **Saint Thomas et la Question juive**, par Simon DEPLOIGE, professeur de l'Université Catholique de Louvain.   1 vol.

— **Premiers principes de Sociologie Catholique**, par l'abbé NAUDET.   1 vol.

— **La Patrie.** — *Aperçu philosophique et historique*, par J. M. VILLEFRANCHE.   1 vol.

— **Le Déluge de Noé et les races Prédiluviennes**, par C. de KIRWAN.   2 vol.

— **La Saint-Barthélemy**, par Henri HELLO.   1 vol.

— **L'Esprit et la Chair.** *Philosophie des macérations*, par Henri LASSERRE, auteur de *Notre-Dame de Lourdes*, etc., etc.   1 vol.

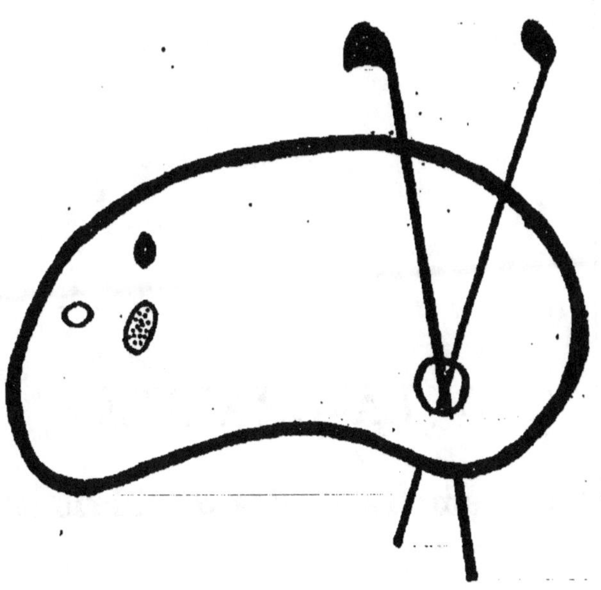

FIN D'UNE SERIE DE DOCUMENTS
EN COULEUR

LA CHARITÉ

Aux Premiers siècles du Christianisme

SCIENCE ET RELIGION
Études pour le temps présent

LA CHARITÉ

AUX PREMIERS SIÈCLES DU CHRISTIANISME

PAR

André BAUDRILLART

Agrégé de l'Université

PARIS

LIBRAIRIE BLOUD & Cⁱᵉ

4, RUE MADAME ET RUE DE RENNES 59

1903

LA CHARITÉ
Aux premiers siècles du christianisme.

INTRODUCTION

LA CHARITÉ ET L'ASSISTANCE DANS LE MONDE ANTIQUE

Les Égyptiens et les Juifs. — La Grèce et Rome.

S'il est un fait plus étonnant que la rapide diffusion de l'austère doctrine chrétienne dans la société dissolue de l'Empire romain, c'est la révolution qui s'opéra aussitôt dans l'esprit humain en ce qui concerne la conception des rapports des hommes les uns avec les autres. Du jour au lendemain, dès la première génération chrétienne, naît la charité. Elle naît, ou plutôt elle règne. Sans doute, il y eut de tout temps des êtres de douceur qui pouvaient dire, comme l'Antigone de Sophocle : « Mon cœur est fait pour l'amour et non pour la haine. » Mais ces âmes ont été peu nombreuses, sont demeurées isolées, jamais elles ne se concertèrent pour associer leurs efforts.

Chez les peuples païens, nous ne voyons qu'une nation où l'idée de charité ait véritablement pris corps, où la pitié pour le pauvre, le secours à l'indigent, aient été formulés comme d'impérieux devoirs : C'est l'Égypte, berceau de la sagesse humaine. « J'ai donné des pains à ceux qui avaient faim, des vêtements à ceux qui étaient nus, à boire à qui avait soif, »(1) dit une épitaphe égyptienne contemporaine de la VIe dynastie. Et la bienfaisance est expressément recommandée par le *Livre des morts*, ainsi que par les moralistes. Néanmoins, elle paraît être restée même, chez ce peuple moralement si haut placé, à l'état de vertu individuelle.

Il n'en est pas tout à fait de même chez les Israélites. Quelle que fût la dureté de ce peuple, ses principes du moins portent en eux le germe de toutes les vertus que propagera le christianisme, avec combien plus de largeur et de générosité !

L'organisation originale du peuple Juif, outre cette année jubilaire qui tous les cinquante ans rétablissait une sorte d'égalité entre les fortunes, prévoit légalement l'assistance, règle les salaires, fixe les devoirs des employeurs, met tout en œuvre pour prévenir la misère et la mendicité. Au moment de la récolte, de la vendange, à certaines fêtes, chaque septième et chaque cinquantième année, une part est réservée à l'indigent (2). De plus la charité individuelle, la charité en tant que vertu, est une des prescriptions essentielles de la loi mosaïque. Elle est sans cesse rappelée dans tous les livres de la Bible. Non seulement la veuve et l'orphelin y sont souvent mentionnés, mais le pauvre, quel qu'il soit, est

---

(1) Amelineau, *Essai sur l'évolution des idées morales dans l'Égypte ancienne*, p. 221. On trouvera un excellent exposé de la question du paupérisme et de l'assistance en Égypte au tome Ier, de *l'Histoire de la Charité* par L. Lallemand, p. 29-44. Le premier volume, paru en 1902, ne porte que sur l'antiquité païenne et le peuple juif.

(2) *Lévit.*, xxv, 12 ; *Jos.*, xiii.

à chaque page recommandé aux soins de ses frères. La charité est liée à la religion. Il y avait un tronc à la porte du temple de Jérusalem, et c'est là que Jésus vit la pauvre veuve déposer le denier, aumône plus précieuse au divin cœur que les plus larges offrandes des riches. Toutefois, il y a une grande différence entre la loi juive et la loi chrétienne, par où la première se rattache aux civilisations antiques de même date. La bienfaisance juive vise particulièrement le juif. Pour elle, le frère, c'est l'homme de même race, et surtout celui de la même cité. Quelques prescriptions seulement, remarquables d'ailleurs pour l'époque, assurent à l'étranger un traitement plus humain que chez les nations païennes.

Il en est de même du régime de l'esclavage (1). La loi mosaïque n'étend-elle pas sa sollicitude jusque sur les animaux, ces humbles collaborateurs de travail de l'homme ? Mais le chrétien ne fait aucune distinction entre le compatriote et l'étranger, entre l'homme libre et l'esclave. Il n'y a pour lui qu'une famille et qu'un Père. Aux yeux du chrétien, le frère, c'est l'homme, quel qu'il soit. Et voilà comment se justifie le mot de révolution que j'employais en commençant. A la parole de Jésus, comme jadis au son de la trompette de Jéricho, les murailles des cités se sont effondrées. A la cité antique s'est substituée la cité de Dieu.

Moralement, la même différence se retrouve. Chez le juif, le pécheur est retranché des privilèges de la charité : il est interdit de lui donner. Le chrétien au contraire oublie momentanément la misère morale du pécheur qui a besoin d'un secours immédiat. Il est le disciple de Celui qui a dit : je ne suis pas venu pour les justes, mais pour les pécheurs.

On peut donc dire que, s'il n'y a pas un abîme entre la conception juive des relations humaines et la con-

(1) *Lévit.*, XIX, 9, 10 ; *Deut.*, XXIV, 19, 22 ; *Exode*, XXIII, 11 ; *Lévit.*, XXVI, 6, 11, 21-22,

ception chrétienne, du moins existe-t-il une profonde
différence (1).

Ainsi dans ces deux nations, malgré les préjugés à
vaincre, et l'on sait s'ils étaient tenaces chez les Juifs, et
pour quels motifs historiques, malgré le particularisme
invétéré des anciens Égyptiens, cependant les cœurs
étaient en une certaine mesure préparés à recevoir la
semence de cette charité élargie et renouvelée.

Mais il ne faut pas l'oublier, ces deux peuples n'oc-
cupaient après tout qu'une assez petite place dans le
vaste champ que prétendait conquérir la propagande
de l'Évangile. Ses premières frontières n'étaient autres
que celles de l'Empire romain. Il n'est donc pas inutile de jeter un coup d'œil sur le monde gréco-romain
et de nous rendre compte jusqu'à quel point il était
préparé à accueillir l'idée de charité (2).

II

Certes, loin de nous la pensée de méconnaître la
grandeur de la société antique. Ce que nous devons au
Christianisme ne doit pas nous faire oublier ce dont
nous sommes redevables à la pensée et à la beauté
grecques, à la sagesse et la fermeté romaines. Mais
cela dit, il faut reconnaître que cette société est une
bien misérable chose en ce qui concerne les relations

(1) L'esclave hébreu recouvre sa liberté au bout de six
ans, à moins qu'il ne préfère demeurer dans la servitude,
Exod. XXI. 3; XXI, 5, 6; *Deut.*, XV, 17. La servitude de
l'esclave étranger est perpétuelle et même héréditaire. Mais
la loi oblige le maître à la douceur, sous peine d'émancipation de l'esclave maltraité, *Lévit.*, XXV, 44, 46; *Exod.*, XXI,
26, 27.

La terre de Judée est lieu d'asile pour les esclaves étrangers fugitifs, *Deut.*, XXIII, 15, 16.

(2) *Cf.*, les prescriptions de saint Paul sur le travail et la
charité et celles du Talmud.

d'homme à homme. Et il est à remarquer que les
périodes les plus brillantes de la civilisation païenne
ne nous apparaissent nullement comme les plus humaines. Les héros de l'Odyssée sont même assurément
plus pitoyables, plus accueillants pour les malheureux,
plus charitables en un mot, que les Grecs du temps de
Périclès, ou les Romains du temps de Cicéron ou
d'Auguste. Le sort des esclaves était à bien des égards
moins dur en ces âges lointains (1).

Faut-il rappeler le dédain d'un Platon et d'un Aristote dans leurs jugements sur l'humanité? Pratique-
ment leurs théories s'accordent assez bien avec la
réalité. L'esclave, l'enfant, le faible sont sacrifiés dans
leurs livres comme dans la société où ils vivent.
C'est qu'eux aussi, et surtout Platon, se placent uni-
quement au point de vue de la cité, sans nulle considération de respect dû à l'individu, simplement en
tant qu'homme. Malheur, selon les rêveries de Platon,
à l'enfant débile, au malade. La cité ne doit conserver,
le médecin ne doit soigner que ceux qui ont chance
d'atteindre à la vigueur ou de recouvrer toutes leurs
forces. La république n'a pas besoin d'infirmes.

Mais laissons là les paradoxes des philosophes. Peut-
être trouverons-nous la pratique un peu moins inexo-
rable, du moins sur quelques points (2).

Le bien comme le mal vient de l'idée exclusive de la
cité. Il faut reconnaître qu'Athènes, du moins au
temps où florissaient les lois de Solon, mit tout en
œuvre pour proscrire légalement la misère, en encourageant le travail. L'obligation pour les parents d'apprendre à leurs enfants un métier avait pour sanction
le droit de ceux-ci à ne pas nourrir les vieux parents
qui ne se seraient pas acquittés envers eux de ce de-

(1) PLUTARQUE, *Vie de Solon*, XVII, XXII; ISOCRATE, *Aréopage*
passim.
(2) *Id.*, XXII

voir (1). Les citoyens pauvres, blessés au service de la patrie recevaient une pension alimentaire, le fils de ceux qui avaient été tués sur le champ de bataille étaient élevés aux frais de l'État (2). Devoir de justice, plus qu'inspiration charitable, et qui relève de l'esprit d'harmonie qui régit toutes les œuvres du génie grec plutôt que d'un souffle généreux d'humanité. La cité ne doit ni souffrir de membres parasites, ni se laisser déshonorer par la mendicité de quelques-uns des siens. Éthique et esthétique sont, en Grèce, inséparables. Athènes seule en Grèce accorda un léger subside quotidien aux citoyens que leurs infirmités rendaient incapables de travailler (3).

En fait d'assistance publique nous ne trouvons rien de plus.

Devons-nous donner ce nom aux distributions d'argent et de denrées établies par Périclès et si justement critiquées, les *théoriques* ?

Quant à la charité privée, elle n'est aucunement organisée, car nous ne saurions ranger dans cette catégorie l'utile institution des *éranies*, sorte de sociétés de prêt mutuel, qui relèvent de la prévoyance plus que de l'assistance et de l'intérêt bien entendu beaucoup plus que du souci de venir en aide au prochain (4).

L'absence même de toute organisation indique assez que la charité n'était pas une vertu très répandue. Tout au plus la religion veille-t elle à ce qu'une part des victimes sacrifiées aux dieux, dans certaines circonstances, soit réservée aux pauvres. Il en est de même de

(1) Plutarque, *Sol.*, 65. Cette loi ne se trouve qu'à Athènes.

(2) Aristote, *Panath.* ; Isocrate, *Symmach*, 29.

(3) Harpocration, suivant Hesychius, s v. *Adunatos*, Lysias, Peritòn *adunaton* ; Eschine, *Contra Timarch.*, p. 133 ; Boeck, *Econ. pol. des Athéniens*, t. I, ch. xvii.

(4) Foucart, *Des associations religieuses chez les Grecs. Thiases, Éranie, Orgeons*, In-8°, 1873, v. dans Daremberg et Saglio, *Diction. des antiquités*, art. *Éranos*.

ce que les satiriques appellent le souper d'Hécate, dont profitait Diogène le cynique, c'est-à-dire le pain, les œufs et autres menus aliments déposés dans les carrefours devant les statues de la déesse (1). Les auteurs anciens nous parlent bien de libéralités exercées soit par des hommes publics vis-à-vis de leurs concitoyens pauvres (2), soit par des souverains étrangers vis-à-vis d'un autre peuple (3), mais la meilleure volonté ne peut découvrir dans ces actes d'autre mobile que l'ambition et le souci de la popularité ou des sacrifices utiles à la politique internationale. Nous ne prétendons pas qu'aucun Grec ne pratiquât une bienfaisance désintéressée, nous sommes même convaincu du contraire, mais, quoiqu'il en soit, il nous est impossible de ne pas constater que cette vertu observa trop bien chez eux la modestie et la discrétion qui en sont la parure.

Rome ne nous offre pas un spectacle plus consolant. Quel génie rude que le génie romain ! Sans doute, vers la fin de la République, quelques esprits d'élite ont discerné à peu près tous les devoirs de l'homme envers l'homme ; Cicéron les a définis en termes tels que plus tard saint Ambroise, dans son *De officiis* chrétien, ne dédaigne pas de leur faire de larges emprunts. Mais il faut arriver jusqu'au temps de Sénèque, de Pline le Jeune, de Trajan pour voir l'humanité entrer d'une manière un peu décisive, bien qu'insuffisamment encore, dans les lois, et s'insinuer timidement dans les mœurs. Pline s'excuse encore de sentiments qui nous paraissent tout naturels. Et qui pourrait affirmer qu'à cette date, l'ambiance des idées chrétiennes n'ait pas accéléré cet acheminement vers la douceur, la justice, la pitié ? Nous ignorons si Sénèque connut personnellement saint Paul. Mais son propre

(1) Luc, *Dial. des morts*, I, 1.
(2) Plut., *Vie de Simon*, 10, *Périclès*, 9.
(3) Démétrius Poliorcète, Spartocus, roi de Pont, un roi d'Égypte dont on ignore le nom, font à Athènes des présents de blé.

frère le connaissait bien. Dans le monde même de la cour, dès le temps de Néron, on le soupçonnait par les écrivains anciens, Tacite, Dion Cassius, et les découvertes archéologiques de M. de Rossi l'ont démontré, les païens, sans le savoir, coudoyaient les chrétiens.

À Rome, l'esclavage est plus dur, plus dégradant qu'à Athènes. L'étranger n'est pas seulement le barbare, il devient l'ennemi, *hostis*. L'enfance est plus exposée encore qu'en Grèce, par suite de la différence des tempéraments. L'esprit proprement romain est aux antipodes de la charité.

L'assistance se présente à Rome sous deux formes, l'une publique, l'autre privée.

La première consiste en distributions de blé, gratuites ou à prix réduit. Plus tard on y ajouta de la viande de porc, des vêtements. Les citoyens seuls y prennent part. Ils ne font d'ailleurs, en principe, que jouir de l'antique droit par lequel le vaincu doit contribuer à l'entretien du vainqueur. Ce blé, en effet, est fourni par les provinces. Donc ici encore aucun sentiment de pitié pour les malheureux. À l'origine tous les citoyens sont admis à profiter de cet avantage. Si plus tard, en bon administrateur, Jules César réduit le nombre des participants, ce n'est point pour grossir la part des plus pauvres, mais par une préoccupation, d'ailleurs fort juste, d'économie. Alors, comme pour recevoir le blé gratuit, il faut se faire inscrire chez le préteur, il s'ensuit que les moins favorisés de la fortune s'astreignent seuls à cette formalité un peu humiliante, et le droit du vainqueur devient peu à peu le droit des pauvres à l'assistance. L'assistance publique est ainsi créée de fait, et l'on voit que les distributions de blé n'ont pas été l'instrument de corruption officielle que les déclamateurs veulent nous y montrer. Il y a beaucoup à redire au mot fameux : *Panem et circenses*. La masse du peuple de Rome vaut mieux que la réputation qu'on lui a faite d'après les moralistes rhéteurs et les poètes satiriques. Au total la proportion des secourus est à peu de chose près la même qu'à Paris et la dépense un peu moins forte pour chacun. Le secours était insuffisant pour nourrir son homme et, surtout s'il était chargé de famille, il devait chercher dans le travail un supplément nécessaire (1). Seulement, cette assistance, qui ne fut pas créée pour son objet propre, est absolument rudimentaire, inorganique. L'intelligence n'y a guère plus de part que le cœur. Les distributions de terre n'apparaissent jamais que comme des mesures politiques ou économiques. Il y a d'ailleurs lieu de distinguer soigneusement entre les diverses lois agraires qui agitèrent Rome à tant de reprises (2). Aucune prévision qui vienne en aide au vieillard, à la veuve, à l'infirme, à l'enfance abandonnée.

La première création qui présente le caractère d'une sage philantropie est l'institution alimentaire de Trajan en faveur des enfants de familles nombreuses. Encore la préoccupation de la dépopulation n'est-elle pas étrangère à cette initiative. La fondation de l'impératrice Faustine en faveur des jeunes filles pauvres est également à louer. L'avantage de ces exemples venus d'en haut fut de susciter d'heureuses imitations, au moins en Italie.

La charité privée existe sous la forme de *sportule*, ou petits présents, vivres, vêtements, menue monnaie,

(1) Sur toute cette question délicate et controversée, voir DUREY, *Hist. des Romains*, t. V, p. 190 et 495 ; LALLEMAND, *Histoire de la charité*, t. I, p. 123 et suiv., et notre étude dans le *Dictionnaire des Antiquités*, article *mendicatio, mendici* ; cf. *Ibid*, article *Annone* de Humbert.

(2) Cette question est très bien traitée, au point de vue spécial qui nous occupe, celui de la charité, dans MONNIER *Hist. de l'Assistance publique*, ch. II. De très bonnes mesures furent prises à l'égard des distributions de terres par J. César et par quelques empereurs. Signalons à l'honneur de Tibère qui ne passe point pour avoir été fort généreux, l'intelligente création des caisses de prêts gratuits. TACITE, *Ann.* VI, 17, SUÉTONE, *Tib*, 48 ; DIO CASSIUS, LVIII, 21.

que les patrons font journellement à leurs clients.
Mais cette assistance privée est faite avec dédain, sans
discernement, par les soins d'un subalterne, quelquefois tout de travers, souvent à contre-sens, parce
qu'elle aussi a dévié de son origine. Elle représente,
en effet, la juste compensation que primitivement
le patron accorde au client en échange des mille services qu'il reçoit de lui à la guerre, au forum, au tri-
bunal. Peu à peu le sens de cette libéralité s'est perdu.
La sportule devient une honteuse mendicité. Ce ne
sont plus les clients légaux qui l'obtiennent, mais la
foule des parasites, des flatteurs, des aventuriers, des
paresseux. On voit jusqu'à des sénateurs riches s'abaisser à solliciter la sportule auprès des intendants de
sénateurs plus influents et plus riches qu'eux mêmes.
Plate manière de faire leur cour, où l'avarice trouve
son compte.

Ici encore, où est la charité? Quelques faits isolés,
très rares, comme des distributions de vivres offertes
au peuple par des particuliers en temps de disette,
c'est absolument la seule trace qu'en offre l'histoire
romaine jusqu'au temps de Trajan. On ne saurait ranger au nombre des secours d'assistance proprement dits
les *congiaria*, les *donativa*, dons de joyeux avènement,
présents de fêtes, offerts par les empereurs aux mêmes
citoyens qui participaient à l'*annone* et souvent à un
plus grand nombre. Quant au soin avec lequel la plupart des empereurs veillent à l'approvisionnement de
la ville en grains, il ne peut être considéré à son tour
que comme une preuve de bonne administration.

Pour nous résumer, tout concourt dans la société
antique à endurcir l'homme contre son semblable :
droit du vainqueur, esclavage, pouvoir paternel, idée
de cité. La loi de ces civilisations est l'égoïsme. Égoïsme

élevé à la hauteur d'un principe. Un égoïsme, entendons-nous, collectif et qui exige souvent des sacrifices individuels, et même l'héroïsme, mais source cependant de bien des maux pour l'humanité. En effet, il prévient et interdit les sentiments altruistes, défend aux sentiments généreux de franchir les bornes de la cité. Et par cité, il ne faut pas entendre l'ensemble des hommes vivant dans une même ville ou une même contrée, mais les seuls citoyens, c'est-à-dire une petite aristocratie. Ni l'étranger ni l'esclave ne jouit des avantages que la cité fait aux siens. L'étranger peut mourir de faim sans qu'aucun secours public lui vienne en aide. En temps de disette, on le chasse. C'est qu'il n'y a pas encore de prochain, mais seulement des concitoyens. Le fameux : *Homo sum, humanum nihil a me alienum puto*, est une belle pensée de philosophe et de brave homme, mais sans aucun rapport avec les mœurs contemporaines. C'est à la parabole du bon Samaritain que remonte l'introduction dans le monde de l'idée de prochain.

CHAPITRE I

LA CHARITÉ AUX TEMPS APOSTOLIQUES ET AVANT L'ÉDIT DE CONSTANTIN.

I. Offrandes à l'Eglise de Jérusalem, au clergé. — II. Hospitalité. — III. Esclavage. — IV. Les prisonniers, les condamnés aux mines. — V. L'enfant abandonné, l'orphelin. — VI. La veuve — VII. Les pauvres en général. Diacres et diaconesses. Diaconies primitives. Ressources de la charité.

Donc il s'en faut de peu que dans le monde gréco-romain la charité ne trouve table rase. Elle ne s'en développera que plus à l'aise et la matière ne lui manquera pas. Nous n'avons pas retracé le tableau de la misère antique, mais nous savons qu'elle était grande.

Une des maximes de la charité chrétienne est de se faire « toute à tous ». A la lettre, cette maxime est tout un programme. Et en effet, l'on est frappé de la souplesse et de la précision avec lesquelles, dès les temps apostoliques, la charité s'applique à tous les besoins, à toutes les misères, comme si un plan d'ensemble eût été d'avance proposé et aussitôt exécuté. Est-il besoin d'en chercher une explication ailleurs que dans l'esprit même de la charité, clairvoyante parce qu'elle aime, secourable efficacement parce que la vraie charité, comme la foi sincère, est active ?

Que l'Eglise ait eu dès l'abord une perception très nette des devoirs de la charité, cela ressort de la seule lecture des *Actes* et des *Epîtres*. Tout ce que l'on trouve dans les Pères, dans les *Constitutions apostoliques* (1), n'est que le développement des mêmes idées, des mêmes enseignements. Et, d'autre part, que la charité ait tenu une des premières places parmi les préoccupations des disciples du Maître qui avait dit : « Celui qui aura donné un seul verre d'eau froide à cause de moi ne perdra pas sa récompense », qu'elle ait été de bonne heure organisée, réglementée par eux, les mêmes livres ne permettent pas d'en douter. Lorsque saint Paul se présente aux apôtres de l'Eglise de Jérusalem, ceux-ci, après avoir vérifié ses titres à leur confiance, l'admettent dans leur société, pour évangéliser les gentils, « à cette seule charge qu'il n'oubliera pas les pauvres (2) ». Et, en effet, il n'est guère d'épîtres de saint Paul qui ne contiennent des allu-

(1) Nous emprunterons beaucoup aux *Constitutions apostoliques*. Bien que ce document soulève une foule de discussions, il est certain cependant qu'il représente la tradition des premiers siècles et nous l'expose avec des détails que l'on chercherait vainement ailleurs.

(2) *Ad Galat.* II, 9, 10.

sions à la charité des fidèles ou à celle des Eglises et des exhortations à la pratique de cette vertu.

Toutefois, il est clair qu'elle ne put s'exercer d'une manière identique en tout, soit pendant la période de formation, soit au temps des persécutions, et plus tard lorsque l'édit de Constantin eût, avec la paix, donné à l'Eglise la liberté. Il y a donc lieu, sans entrer dans des détails historiques qui nous conduiraient trop loin, de distinguer deux grandes périodes dans l'histoire des origines de la charité. La première commence avec les apôtres et dure jusqu'à la paix de l'Eglise. La seconde s'ouvre alors et la fortune des œuvres charitables est liée aux vicissitudes de l'Empire.

I

On sait que la première Eglise de Jérusalem s'organisa sur un type original, très particulier (1), qui ne pouvait convenir qu'à une société limitée. Elle a pour base la communauté des biens, pour principe la pauvreté volontaire. Néanmoins elle ne peut se suffire à elle-même, et c'est pourquoi nous mentionnons parmi les premières œuvres collectives le soutien de cette Eglise. Toutes les autres tiennent à honneur de lui envoyer des offrandes (2). Il est vrai de dire que l'Eglise de Jérusalem est un centre de prédication, d'où l'on part et où l'on revient. Elle a ainsi des besoins particuliers. Voilà donc une des premières formes de la charité, et non la moins noble, puisque son objet, plus spirituel que matériel, est avant tout la diffusion de la parole divine et la propagation du salut par la vérité.

De même la coutume s'établit partout de nourrir les prêtres aux frais des Eglises, c'est-à-dire de la

____

(1) *Actes*, II, 44-46 ; IV, 31-37.
(2) Saint Paul, *Ep. ad Rom.*, XXVII, 25, 26, 27. *Ad Philip.*, IV, 10 et suiv. II *ad Cor.*, VIII, 6 et suiv.

communauté des fidèles. C'est un droit dont saint Paul, qui n'en usait pas habituellement, établit à plusieurs reprises la légitimité (1). « Tout travail mérite salaire », dit-il. Ailleurs il recommande que le bon prêtre ait double part dans les *agapes* (2) ; c'est un principe sur lequel il revient avec insistance. On ne voit pas qu'aucune plainte se soit jamais élevée à cet égard, ni qu'aucune Église ait manqué à ce devoir.

II

Parmi les devoirs d'humanité que prisait le plus l'antiquité païenne, il faut mettre l'hospitalité. L'hôte était sacré pour l'hôte. Il était l'envoyé de Jupiter. Les liens de l'hospitalité étaient étroits, ses obligations nombreuses. Plus d'une fois sur le champ de bataille l'on vit des adversaires se détourner soudain l'un de l'autre (3) ; ils s'étaient reconnus pour hôtes. L'hospitalité, en effet, n'était pas seulement considérée comme un devoir général, elle était un lien social qui valait entre les familles de génération en génération. Les villes mêmes accordaient héréditairement le droit d'hospitalité aux descendants d'étrangers qui leur avaient rendu des services, et les citoyens de ces mêmes villes, en échange, avaient accoutumé de considérer à l'étranger certaines familles comme les hôtes naturels auprès desquels ils étaient assurés de trouver aide et protection.

L'Église ne pouvait manquer de conserver et de sanctifier une coutume traditionnelle, à la fois si touchante et si utile.

Aussi l'hospitalité est-elle recommandée à tous, mais en particulier aux évêques comme un devoir essentiel. Qui n'est pas hospitalier n'est pas digne de l'épiscopat.

---

(1) Saint PAUL, II, *Ad Thessal.*, II, 6, 7 ; III, 8, 9.
(2) *Ad Timoth.*, V, 17.
(3) *Iliade*, VI, 225.

Saint Paul en ses épitres le déclare sans restriction (1).
Mais cette hospitalité, spiritualisée par le sentiment
religieux, est plus large encore que chez les païens (2).
Elle doit en effet s'étendre à tous les frères, et au delà
des frères à tous les étrangers, quels qu'ils soient. Le
mot de Plaute, si souvent cité incomplètement :
« L'homme est un loup pour l'homme *qu'il ne connaît
pas* », n'a plus d'application dans la société chrétienne. Les païens en étaient frappés. Plus d'un peut-
être fut attiré au christianisme par l'admiration
qu'inspirait aux païens la façon dont les chrétiens
pratiquaient cette vertu. On raconte que saint Pa-
côme, centurion dans une légion romaine et encore
païen, aborda un jour avec ses compagnons d'armes
dans une ville où il ne connaissait personne. L'accueil
qu'il y reçut fut si cordial et si large que, surpris, il
s'informa. On lui dit que les habitants étaient pour la
plupart chrétiens, et c'est ainsi qu'il fut amené à la foi.

Les persécutions multiplièrent singulièrement les
occasions d'exercer cette vertu. On sait comment l'E-
glise de Jérusalem fut dispersée par la force. Souvent
ceux mêmes qui échappaient à la mort étaient privés
de leurs biens, exilés. D'autres devaient se cacher.
Beaucoup étaient donc contraints de chercher loin de
leur demeure et de leur ville un asile sûr. Il en fut de
même au temps des persécutions ariennes (3). En
toutes ces circonstances il n'y avait pas seulement libéralité, mais héroïsme à recevoir les fugitifs et les

(1) Saint Paul, *ad Rom.*, xii, 13 ; *ad Tim.*, iii, 2 ; *ad
Hebrae*, xiii, 2, 3. — Johan., *Ep. ad Gal*, 5-11.

(2) Lactance, *De vero cultu*, 6, 11, cité et commenté par
Tollemer. Les origines de la charité catholique, p. 251 et
suiv., marque bien la différence entre l'hospitalité païenne
et l'hospitalité chrétienne. Peut-être ne rend-il pas entièrement justice à la première.

(3) Eusèbe, évêque de Samosate, erre déguisé en soldat
pour remplir partout ses fonctions épiscopales. Théodoret,
Hist. Ecc., 4, 12.

proscrits. Un exemple montrera bien ce que pouvait
être l'hospitalité lorsqu'elle était exercée par de puissants patriciens. Lors de la persécution arienne de
Valens, la sainte femme Mélanie ne nourrit pas moins
de 5 000 moines cachés par ses soins et cela pendant
cinq jours (1). Ce fut bien autre chose encore lors des
invasions barbares, quand des populations entières
fuyaient, épouvantées, le ravage et le massacre (2). Les
églises, les monastères étaient particulièrement désignés pour recevoir les étrangers. On lit dans saint
Paulin De Nole la description des appartements qu'il
avait fait aménager pour les hôtes. « Le laïc, écrit
saint Jérôme, en recevant un, deux, ou quelques
étrangers, remplit le devoir d'hospitalité, mais l'é-
vêque, s'il ne les reçoit tous, est *inhumain* (3) ». Aussi,
comme à Nole, les églises aménageaient-elles, auprès
du temple, un bâtiment destiné à recevoir les étrangers
et les voyageurs. C'était une lourde charge pour elles,
et l'évêque, assisté de ses prêtres et de ses diacres,
veillait en personne à leur bon fonctionnement. Souvent des appartements étaient disposés dans la maison
même de l'évêque. « Il est possible, écrivait saint Ambroise, que Jésus-Christ lui-même soit dans l'étranger,
comme il est dans le pauvre (4) ». « Recevez Jésus-
Christ à vos tables, disait de son côté saint Grégoire,
afin d'être reçu par lui aux banquets éternels; donnez
l'hospitalité à Jésus-Christ, qui vous la demande dans
la personne des étrangers, de crainte qu'il ne vous
méconnaisse comme étrangers au jour du juge-
ment (5) ».

(1) Paulin De Nole, Ep. 29, 11.
(2) Saint Jérôme, *Ep. ad Gaud.*, 2, 16. *Ad. Eust.*, 1, 14.
Cf. S. Aug. *De excidio Urbis.*
(3) Saint Jérôme, *Com. In ep. ad Tit.*, 1.
(4) Saint Ambr, *De off.* 1, 20.
(5) Greg., *Hom. In evang.* Cf. S Jean Chrys. *Hom.* 45, *In
Act. Apost.*

III

Si l'hospitalité est une vertu qui fait honneur à l'antiquité païenne, en revanche, l'esclavage est la tare de cette civilisation. On a reproché au christianisme de ne l'avoir pas supprimé. Accusation absurde ! L'Eglise n'était pas maîtresse du pouvoir civil, et même quand des princes chrétiens occupèrent le trône, on ne pouvait changer du jour au lendemain les bases de la société. Or, celle-ci était fondée sur l'esclavage. D'ailleurs, quel danger n'y eût-il pas eu à libérer tout d'un coup les millions d'esclaves non préparés à la liberté qui couvraient le sol de l'Empire romain ! Tout ce que l'Eglise pouvait en faveur des esclaves, c'était d'améliorer leur situation matérielle et morale, de les relever, de favoriser leur affranchissement, et ainsi de préparer avec prudence la suppression définitive de l'iniquité dont une moitié de l'humanité était victime par le fait de l'autre. Elle trouva d'ailleurs, il faut le reconnaître, un auxiliaire dans le progrès des mœurs. Sénèque parle des esclaves en des termes que n'eût même pas compris le vieux Caton. Pline aimait les esclaves nés dans sa maison, qu'il avait vus grandir et vieillir à son service. Auguste châtiait sévèrement ceux qui se rendaient coupables à leur égard de sévices trop scandaleux. Il n'est pas jusqu'à Néron qui, l'un des premiers, n'ait adouci les lois en leur faveur (1).

Le premier, le plus grand bienfait que le christianisme ait apporté à l'esclave est de lui avoir reconnu

(1) Pour Aristote l'esclavage est de droit naturel. *Pol.* vii, 2. Le principe même de l'esclavage avait été contesté par des philosophes grecs, au témoignage du même Aristote, *Pol.*, I, III. Aristote recommande l'humanité à leur égard, *Econ.* i, 5. *Cf.* Caton, *De se rustica*, ii ; Sénèque, *Epist.* 47 ; de Ira, III, 40, de Clementia, I, 18 ; *De benef.* iii, 22 ; *Ep.* 67.

l'égalité spirituelle absolue avec son maître, « Il n'y a parmi nous ni hommes libres, ni esclaves », dit saint Paul. Et nul n'a mieux que lui défini les devoirs du maître envers le serviteur, les devoirs de celui-ci envers son maître. Ses instructions remarquables devraient demeurer éternellement le Code qui régisse leurs relations réciproques (1).

L'esclave devient, religieusement parlant, le frère de son maître. Il n'est plus question du droit de vie et de mort. Les principes les plus élémentaires du christianisme deviennent pour l'esclave une sauvegarde contre toute espèce de violence, de brutalité, d'injustice, de mépris. Il est le serviteur. Comment la femme esclave eût-elle continué d'être le jouet d'un maître à qui la religion prescrivait la chasteté dans le mariage et prêchait la continence absolue comme l'une des conditions de la perfection ?

« Dans la maison d'un homme juste, qui vit de la foi et qui marche vers la maison céleste, dit saint Augustin, ceux qui commandent servent ceux auxquels ils paraissent commander ; car ils commandent non par esprit de domination, mais par le désir charitable d'aider ceux qui leur sont soumis et de pourvoir miséricordieusement à leurs besoins (2) ». « Que le maître qui a un chrétien pour esclave l'aime comme un fils et comme un frère à cause de la communauté de la foi, les services exigibles d'un esclave demeurant saufs (3). »

Mais les prescriptions générales ne sont que la base de règles étroites et précises. Que les dispositions attribuées par les *Constitutions apostoliques* à saint Pierre et saint Paul soient ou non d'une date postérieure, elles n'en ont pas moins une grande autorité documentaire :

(1) S. PAUL, *Ep. ad Ephes.* VI ; *ad Colos.* IV.
(2) *De civ. Dei*, 19, 14. Les Pères de l'Église abondent en conseils d'humanité, de fraternité à l'égard des esclaves, mais aucun peut-être n'y revient aussi souvent et avec une chaleur de cœur plus persuasive que l'évêque d'Hippone.
(3) Const. Apost. 4, 11.

« Moi Pierre, et moi Paul, nous avons ordonné que
les esclaves travailleraient cinq jours, et que le samedi
et le dimanche, ils chômeront dans l'Eglise pour y
recevoir les instructions de la religion... Qu'ils chô-
ment aussi durant toute la grande semaine (la semaine
sainte) et durant la semaine suivante... la fête de
Noël... le jour de l'Epiphanie, aux jours des apôtres...
au jour de saint Etienne... aux jours des saints martyrs... (1). » Il est inutile d'insister sur l'amélioration
spirituelle et corporelle que ces ménagements assu-
raient aux esclaves.

L'Eglise s'efforçait de réduire le nombre des esclaves (2). Elle conseillait d'en acheter le plus possible,
de leur apprendre un métier, au moyen duquel ils
pussent gagner leur vie, et alors de les affranchir (3).
« L'esclave, qu'on voulait affranchir, on le conduisait
dans l'église en le tenant par la main. Aussitôt, on
faisait silence. Alors le maître lisait la formule voulue.
C'était une espèce de requête dans laquelle il exprimait
l'intention d'affranchir son esclave. Les motifs devaient
y être exposés. Ils se réduisaient ordinairement à dire
que l'esclave avait toujours et en toutes choses servi
avec fidélité (4). »

Nous verrons plus loin tout ce que l'Eglise fit encore
pour l'esclave lorsque l'esprit chrétien put pénétrer à
flots dans la législation romaine.

Remarquons, pour terminer, qu'en réhabilitant le
travail des mains le christianisme relevait du même
coup la situation morale de l'esclave à ses propres yeux
et à ceux de l'humanité.

(1) *Ibid.*, 8, 33.
(2) Saint JEAN CHRYS. *Hom.* 40, *in I ad Cor.*
(3) *Ibid.*
(4) AUG. *Serm.* 21, 6, V. une de ces formules d'affranchissement, la seule qu'on possède, dans Ennodius, t. IX, bibl.
Max. p. 399, 1re col.

IV

Parmi les plus abandonnés, parmi les plus maltraités étaient les prisonniers. Nul ne songeait à eux. Soulager la misère de celui que la justice des lois a séparé du reste de l'humanité, s'efforcer d'ouvrir sa conscience endurcie à quelques lueurs de moralité, de religieux espoir du pardon, commencer sa réhabilitation à ses propres yeux par l'intérêt qui lui est témoigné, ce sont là autant d'idées qui ne venaient pas à l'esprit des païens. Et c'est même un des motifs pour lesquels on déconseillait les mariages entre païens et chrétiennes. « Un païen, écrit Tertullien, souffrira-t-il que sa femme aille se glisser dans la prison pour y baiser les chaînes des martyrs (1)? » Ce fut d'abord en effet aux prisonniers pour cause de christianisme que les fidèles songèrent en pénétrant dans la prison. Ils y étaient assez nombreux et assez maltraités pour justifier ce choix.

Ce qu'étaient ces abîmes de douleur et d'abjection, la vue de la prison Mamertine, qui n'est peut-être autre que le fameux Tullianum où avant saint Pierre furent ensevelis vivants Jugurtha et Vercingétorix, peut en donner une idée. Il faut s'y représenter les malheureux pressés les uns contre les autres, dans la fange et l'ordure, sans qu'un rayon de lumière ou une bouffée d'air pur les vînt jamais ranimer ou rafraîchir, nourris, si ce mot convient ici, de quelques bouchées d'un pain grossier qu'on leur jetait d'en haut. Ce n'était pas là une exception. Lyon, Vienne, l'Afrique, l'Égypte possédaient des prisons semblables. La prison de Saragosse, que nous décrit Prudence (2), ne le cédait en rien au Tullianum. Quand il s'agissait de prisonniers chrétiens, l'ingéniosité des bourreaux trouvait encore

(1) TERT., *Ad ux.*, 2, 5.
(2) Hymne V.

moyen d'en aggraver l'horreur. Au sortir de la torture, les membres brisés et le corps épuisé, on jeta saint Vincent au fond de ce cachot dont le sol avait été parsemé de tessons et de cailloux pointus (1).

Il était interdit sous les peines les plus sévères de laisser pénétrer personne jusqu'aux prisonniers.

Cependant il était expressément recommandé aux chrétiens de ne négliger aucun moyen de parvenir auprès d'eux. Pie I, pape en 143, enjoignait à l'évêque de Vienne « de visiter les prisons des saints, de crainte qu'ils ne vinssent à s'attiédir dans la foi ». — « Si un chrétien, lisons-nous dans les *Constitutions apostoliques*, est condamné par les impies aux jeux de l'amphithéâtre et aux mines pour le nom de Jésus-Christ, ou pour sa charité envers lui, ne l'y abandonnez pas d'un dédaigneux oubli. Ne restez pas indifférent à ses souffrances. Envoyez-lui, au prix de votre travail et de vos sueurs, des aliments, de l'argent, pour adoucir la brutalité de ses gardes et alléger l'accablante position de votre frère (2). » Et nous savons en effet que « bien que le préfet s'informât curieusement de ceux qui demandaient à les voir, la charité parvenait à triompher de ces minutieuses précautions et à procurer assidûment aux prisonniers de grands soulagements (3) ». Les chrétiens pénétraient donc dans les prisons, pansaient les plaies des martyrs, leur procuraient des lits, des habits (4). Les diacres, en particulier, s'y employaient au péril de leur vie, et des prêtres ne craignaient pas d'y célébrer la sacrifice et de munir les confesseurs du viatique qui les devait soutenir dans les supplices (5).

(1) PRUDENCE, *Loc cit.*
(2) *Const. Apost.*, V, 1.
(3) EUSÈBE, *H. E.* 7, 10.
(4) Saint CYPR, *Ep.* 11. Le sévère Tertullien (*De Jejun.* 12) se plaint même qu'il arrivait que l'on fît bonne chère dans les prisons. Cet excès même prouve du moins l'efficacité du zèle charitable des chrétiens.
(5) Saint CYPR., *Ep.* 5 et 6.

On était heureux de recevoir la communion de la main d'un évêque ou d'un prêtre en prison pour la foi.

Mais le plus beau miracle de la charité est celui qu'opérait souvent, les Actes des martyrs en font foi, le spectacle même de la charité et le zèle des prisonniers : Plus d'une fois on vit les geôliers et les soldats, saisis d'enthousiasme en présence de tant d'amour, embrasser la foi de leurs victimes et demander pour eux-mêmes les chaînes de ceux qu'ils avaient mission de garder.

Il s'en faut de beaucoup que la mort fût le châtiment de tous les chrétiens qu'atteignait la persécution. Un grand nombre étaient réservés à un autre genre de supplice, non moins cruel peut-être que l'amphithéâtre et qui exigeait la longue patience et la persévérance journalière sans espoir humain, sans l'espoir aussi de la prompte récompense que la mort promettait aux martyrs. Nous voulons parler des mines. C'était le châtiment réservé, notamment durant les persécutions du iiie siècle, aux évêques et aux prêtres qui avouaient leur qualité (1). Mais beaucoup d'autres partageaient leur sort. Il y en avait aussi que l'on condamnait aux travaux publics ou que l'on astreignait à d'humiliantes fonctions, comme le pape Marcel qui finit ses jours palefrenier dans les écuries de l'empereur (2). Beaucoup certainement furent frappés de peines de ce genre, puisqu'à peine arrivé au pouvoir, Constantin publia un édit pour leur rendre la dignité et leurs honneurs, et l'énumération qu'il donne de leurs emplois serviles est tristement curieuse (3).

Ce qu'était le régime des chrétiens condamnés aux

(1) Les fidèles coupables de s'être assemblés soit dans les églises, soit dans les catacombes, étaient punis de mort. Cette différence de traitement, qui étonne à première vue, provient de ce que les persécutions du iiie siècle ont un caractère plutôt politique. V. ALLARD, *Les Persécutions du iiie siècle*.

(2) LABBE, *Conc.* 1, p. 946.

(3) EUSÈBE, *De vita Const.*, 2, 34. Cité par Tollemer, p. 153.

mines, une lettre de saint Cyprien, entre quantité d'autres documents, nous l'apprend. Il s'agit des mines d'Afrique : « Ils n'avaient que la terre pour étendre leurs membres fatigués de pénibles travaux ; les bains leur étaient interdits ; leurs corps se couvraient d'une saleté dégoûtante ; leurs cheveux tombaient dans un affreux désordre ; tout moyen de satisfaire aux premiers besoins de la propreté leur était impitoyablement refusé ; ils manquaient de vêtements pour se protéger contre l'intempérie des saisons ; ils ne recevaient qu'un faible morceau de pain, autant de privations, de difformités, qui inspiraient aux païens eux-mêmes le dégoût et l'horreur (1). » « Parmi eux, ajoute le même écrivain, sont de jeunes vierges, de jeunes enfants (2). » Et à cette date presque tout le clergé d'Afrique, avec une multitude de fidèles, était aux mines. Les chaînes, les verges, s'ajoutaient aux privations et au dur labeur sous le soleil d'Afrique et d'Asie. S'ils tentaient de former une sorte d'Eglise, on les dispersait (3).

L'Eglise ne les abandonnait pas. Celle de Rome leur envoyait d'abondants subsides (4). Diacres, sous-diacres, acolytes étaient particulièrement chargés de la périlleuse mission d'aller porter dans les mines les secours de toutes sortes que destinait aux condamnés la charité de leurs frères. Pendant la persécution arienne l'un d'eux, envoyé par le pape Damase, fut pris par les hérétiques. Les mains liées derrière le dos, il fut traîné par les licteurs comme un insigne scélérat. Il fut soumis à des tortures plus atroces que n'en subit jamais aucun homicide. On lui frappa cruellement la tête avec des pierres et du plomb. Enfin on le condamna aux mines pestilentielles de Phénum où il

____

(1) Saint Cypr., *Ep.* 77.
(2) *Ibid.*
(3) Eusèbe, *Hist. Ecc.*, § 22.
(4) Lettres de saint Denis, évêque de Corinthe, vers 168, citée par Eusèbe, *H. E.* 4, 22.

parvint dénué de tout (1). De saintes femmes bravaient
les mêmes périls pour remplir le même office. Entre
eux enfin ils trouvaient moyen d'exercer le ministère
de charité, partageant le peu dont ils disposaient, s'af-
fermissant l'un l'autre dans la foi, consolant ceux
qu'affligeait le souvenir d'une défaillance passagère
arrachée par la torture, s'encourageant pour la vie et
pour la mort.

V

On sait combien l'antiquité fut dure à l'enfance :
C'est la cité qui se refuse à admettre les enfants débiles
ou difformes, et les condamne à périr. C'est le pouvoir
paternel qui, s'exerçant dès la naissance, décide de la
vie et de la mort de l'enfant, et parfois la maison re-
tentit d'horribles délibérations où la mère ose à peine
faire entendre timidement la voix de la nature (2). Les
filles surtout étaient victimes de ce pouvoir abusif et
cruel. Toutefois les garçons n'échappaient point toujours. Les exemples fameux d'Œdipe, de Romulus et
de Rémus sont présents à toutes les mémoires. Les
abandons étaient chose si ordinaire que presque toute
la comédie de Plaute et de Térence, imitée de la comédie grecque, repose sur la donnée d'un enfant
abandonné dans son jeune âge et retrouvé plus tard
par suite de circonstances romanesques.

En vain les lois de quelques empereurs avaient interdit cette triste coutume ainsi que l'infanticide. Les
paroles accusatrices de Tertullien (3), et plus tard celles
de Minutius Felix, non moins catégoriques, prouvent
que les mœurs avaient été plus fortes que la loi. La
législation de Constantin, sur laquelle nous revien-
drons, témoigne que beaucoup plus tard encore le
même crime était d'usage courant, n'était même pas

(1) THÉODORET, *Hist. Eccl.*, 4, 30.
(2) TERT, *Apol.*, 2.
(3) MIN. FEL. *Apol.*

considéré moralement comme un crime. « Combien même de vos magistrats les plus intègres pour vous, écrivait Tertullien, je pourrais confondre par des reproches trop fondés d'avoir eux-mêmes ôté la vie à leurs enfants aussitôt après leur naissance (1). Vous les noyez, vous les faites mourir de faim et de froid, vous les exposez aux chiens. Ce serait une mort trop douce de périr par le fer ! » Et plus loin : « Vous exposez vos enfants, vous les abandonnez à la compassion des étrangers ! »

La misère était très fréquemment la cause de ces abandons. Quelquefois on se ménageait une chance, pour les temps meilleurs, de retrouver l'enfant abandonné. On laissait auprès de lui quelques signes de reconnaissance, de menus jouets, de petits objets de parure.

L'abandon, la mort n'étaient pas le seul danger auquel était exposé l'enfant. La misère, quand le sentiment religieux ou, à son défaut, des mœurs publiques tout imprégnées de ce sentiment, ne les retiennent pas, ne connaît pas de frein dans son affolement. Aussi voyait-on souvent sur les marchés d'esclaves de malheureux pères qui, pour payer leurs dettes et échapper eux-mêmes à la servitude, venaient y vendre leurs propres enfants.

Les conséquences de l'abandon n'étaient pas moins fatales à l'âme qu'au corps. Sans doute il y avait parfois des cœurs compatissants qui sauvaient les pauvres enfants, comme ces bergers qui élevèrent un Œdipe ou un Romulus. Mais le plus souvent, Plaute comme Sénèque le Rhéteur, Térence comme saint Jean Chrysostome nous en instruisent, les infortunés n'étaient recueillis que pour endurer un sort pire que la mort. On voyait intervenir le *leno*, ce personnage antipathique que les auteurs de comédie n'ont pas même cherché à rendre comique, tant il est odieux. Celui-là recherchait

(1) Tert., *Loc. cit.*

les petites filles qu'il élevait soigneusement en vue de
la galanterie. Puis c'étaient les marchands d'esclaves.
Enfin beaucoup étaient recueillis par d'abominables
entrepreneurs qui leur crevaient les yeux, leur dé-
formaient l'épine dorsale, leur brisaient bras et
jambes, en un mot en faisaient des infirmes et des
monstres, incapables de gagner leur vie autrement
que par la mendicité. Bien dignes alors d'éveiller la
pitié publique, ils les envoyaient par les rues et les
carrefours, les portaient aux portes des temples et sur
les ponts, et chaque jour l'infortuné devait rapporter
à son entrepreneur la recette de sa triste industrie (1).
Des parents eux-mêmes avaient recours à ces horribles
moyens pour exploiter leurs propres enfants (2).

En l'Église s'alliaient la pitié humaine et la prévoyance spirituelle. Aussi l'un de ses premiers soins
fut-il de sauver, corps et âme, ces pauvres petits êtres
exposés à la mort et à l'infamie. Elle exhortait les
fidèles à recueillir les abandonnés, à servir de pères aux
orphelins. Et cette catégorie, souvent presque aussi
dénuée que la première, se grossissait en temps de
persécution des enfants de ceux qui avaient donné
leur vie pour la foi. Double motif de leur venir en
aide !

Le soin des orphelins est si souvent recommandé
par l'Ancien Testament qu'il n'est même pas besoin
de citer des textes. Les apôtres n'eurent garde de
laisser péricliter cet héritage de charité. Saint Jacques,
en son *Épître catholique* (3), résumant en quelques lignes
l'idéal pratique de la religion chrétienne, dit : « La
religion pure et sans tache devant Dieu notre Père est
celle-ci : « visiter les orphelins et les veuves dans leur
affliction, et se préserver des souillures de ce siècle ».
Tertullien apprend aux païens qu'une partie du trésor
de l'Église est employée à l'entretien des orphelins

(1) SÉNÈQUE le rhéteur, *Controv.*, 1. V, 33 et X, 4.
(2) Saint Jean CHRYS., In I ad Cor. *Hom.*, 21.
(3) *Ep. cath.* I, 27.

sans ressources (1). La charité était loin de ne leur donner que le strict nécessaire. « Recherchez sans cesse avec une active sollicitude les moyens de procurer aux pauvres ce dont ils ont besoin, afin que rien ne leur manque. *Aux orphelins donnez ce que leurs parents leur donneraient*, aux veuves ce que leur donneraient leurs maris (2) ». On voit par là combien hardiment ambitieuse, jusqu'au paradoxe, était alors la charité. Elle ne prétend pas se régler selon les facultés de chacun, mais suivant les besoins du pauvre. Et ces besoins ne sont pas limités à la conservation de la vie. Il faut s'efforcer de maintenir celui qu'a touché la mauvaise fortune dans une condition égale à celle qui lui appartenait auparavant (3). Et combien active et pratique était cette charité, combien persévérante, un autre texte nous le montre : « Si un chrétien, fille ou garçon, devient orphelin, ce sera une belle et bonne œuvre qu'un de nos frères sans enfant l'adopte pour son pupille et le traite comme son propre enfant. Si c'est une fille et qu'il ait un fils, qu'il les unisse par un saint mariage lorsque l'âge en sera venu (4). » Il ne pouvait y avoir alors d'orphelinats mais on voit comme la charité privée était ingénieuse et empressée à suppléer à des œuvres collectives encore entravées.

On ne recommandait pas moins de faire apprendre aux jeunes garçons un métier qui leur permit plus tard de gagner leur vie.

Et ainsi s'accomplissait la volonté du doux Maître qui disait : « Laissez venir à moi les petits enfants. »

VI

Non moins intéressante et exposée à tous les périls

(1) Tert., *Apol.* xxxvii.
(2) *Const. Ap.* iv, 2.
(3) V. dans Tollemer, *Les origines de la charité catholique* p. 210, le développement de cette belle pensée.
(4) *Const. Apost.* 4, 1.

que les orphelins et les enfants abandonnés était la catégorie des veuves. Le veuvage fut de tout temps pour la femme une situation moralement et souvent matériellement délicate et difficile. Mais, dans l'antiquité, elle l'était assurément plus encore que de nos jours. L'adage brutal « malheur aux faibles » s'appliquait à elles comme aux enfants. La spoliation célèbre de la famille de Démosthène restée privée de son chef et de son défenseur naturel, et qui donna occasion au futur orateur de révéler pour la première fois son génie naissant, en est un exemple fameux (1). Au temps des persécutions les veuves et les orphelins se multiplièrent, et comme la confiscation des biens accompagnait ordinairement la condamnation à mort, leur sort était doublement misérable. Plus tard encore, quand l'anarchie qui marque la fin de l'empire romain eût renversé la puissance des lois, le domaine de la veuve était une proie marquée à la cupidité envahissante des riches et des puissants. Une noble naissance, de hautes alliances, n'étaient même pas une garantie suffisante contre leur effronterie. La propre mère de saint Jean Chrysostome nous en offre le témoignage. Mais bien d'autres Pères de l'Eglise, saint Ambroise, saint Grégoire, en particulier, reviennent si souvent sur cette question, qu'on ne saurait douter de l'étendue et de la fréquence des abus. Le fisc même rachetait sa faiblesse à l'égard des puissants par ses exigences brutales à l'égard des autres. Alors les évêques se montrèrent partout les zélés défenseurs du droit des opprimés, et des veuves spécialement.

Mais l'Eglise n'avait pas attendu les temps troublés pour étendre sur elles sa protection. Nous la voyons s'exercer dès les premières années de la prédication des apôtres et elle ne cessa pas depuis. Il n'est pas un Père de l'Eglise qui ne recommande la charité et la protection envers les veuves comme des plus essentielles.

(1) *Const. Apost.* 4, 2.

Dès le temps des apôtres elles furent donc particulièrement favorisées, comme le prouve, entre beaucoup d'autres traits des *Actes* et des *Épîtres*, l'histoire de cette femme, veuve elle-même, que ressuscita saint Pierre. Toutes celles qu'elle avait secourues l'entouraient, rappelant les manteaux et les vêtements qu'elle confectionnait pour ses sœurs en veuvage et moins favorisées qu'elle-même des biens de la fortune (1).

L'Église n'avait pas seulement pour elles de la bienveillance, mais des égards et de la considération. Saint Ignace et les *Constitutions apostoliques* s'accordent à dire qu'il faut les honorer comme « les autels du Seigneur » (2).

Aussi constituèrent-elles dans l'Église un ordre à part, à la suite des diacres et des diaconesses, au rang des vierges, des solitaires et des continents. Les conditions exigées pour faire partir de cet ordre étaient rigoureuses. Elles devaient être âgées d'au moins soixante ans, « Leurs bonnes œuvres devaient rendre témoignage d'elles, si elles avaient bien élevé leurs enfants, exercé l'hospitalité, lavé les pieds aux saints, fourni aux besoins des misérables, recherché l'occasion de faire toutes sortes de bonnes œuvres (3). »

Cet honneur que le christianisme rendait aux veuves n'était pas seulement une charité. C'était une sorte de réhabilitation. D'après les mœurs juives, en effet, le veuvage, comme la stérilité, entraînait pour la femme une sorte d'infériorité, de déchéance. Il n'en allait pas beaucoup autrement en Grèce ou à Rome. Et c'est ce que marque Tertullien lorsqu'il écrit : « Autant ces deux noms (de veuve et d'orphelin) sont destitués de tout secours humain, autant notre Père à tous s'attache à nous les montrer comme placés sous la

____

(1) Dém. *Contre ses tuteurs.*
(2) *Actes,* 9, 39.
(3) Saint Ignace, *Epist. ad Magnes.* — *Const. ap.* 2, 26.

protection spéciale de sa miséricorde divine (1). »

Faisant partie du clergé, les veuves âgées acquéraient ainsi de véritables droits à être nourries, comme tous les clercs, aux frais de la communauté. Mais il n'était pas nécessaire de faire partie de l'Ordre pour être secouru. Toutes les veuves méritantes étaient l'objet d'une sollicitude constante de la part des évêques (2). La perspective d'être un jour agréées à l'Ordre devait d'ailleurs leur être un puissant stimulant pour persévérer dans la vertu. S'il faut en croire de multiples passages des Pères, et nous ne saurions douter de leur témoignage, on doit reconnaître aussi qu'elles-mêmes donnèrent trop souvent, tant à ceux qui les dirigeaient qu'aux fidèles qui les secouraient, lieu d'exercer la vertu de patience. A ceux, en particulier, qui avaient pour mission de répartir les aumônes et d'adresser les pauvres aux particuliers. Non seulement on est contraint de multiplier les précautions pour éviter leurs indiscrétions, mais des plaintes retentissent contre elles sans interruption. Le mal n'était pas de fraîche date quand saint Jean Chrysostôme stigmatisait les réclamations continuelles de quelques-unes d'entre elles, leur gourmandise, leur fainéantise, leur mutuelle jalousie (3). Saint Paul n'en laisse guère moins entendre dans les instructions qu'il donne à Timothée à l'égard des diaconesses (4). Aussi n'hésitait-on pas à exclure celles qui se montraient ou indignes ou par trop exigentes (5).

Heureusement pour l'honneur de leur sexe et du nom de chrétienne, toutes ne tombaient pas sous le

(1) Saint Paul, *Ep. ad Tim.* ch. V; cf. *Const. Apost.* 3, 1; 8, 25.

(2) Tert. *Ad ux.* 1.

(3) Saint Justin, *Apol.* 2; Saint Jérôme, *Ep. ad Fur.*; Saint Cyprien, *Ep.* 2, *Ep.* 36.

(4) Saint Jean Chrys. *Hom. III in tit;* Saint Jérôme, *ep.* xii, 2. *Const. Apost.* 3, 7; 3, 12; 3, 13.

(5) Saint Paul, *Ep.* 1 *ad Tim.* ch. V.

coup de tels reproches, et le livre d'Or de l'Eglise s'est enrichi du nom de plus d'une veuve. Qui n'en pourrait citer dans le seul cercle d'élite dont saint Jérôme fut à Rome le père et le directeur ?

Les prescriptions qui les concernent sont étroites et sages. On leur recommande de garder la maison, de s'abstenir des conversations frivoles, des commérages, de se livrer assidument au travail des mains (1). Enfin l'Eglise, ingénieuse à encourager la vertu par l'exercice de la charité, à tirer parti de toutes ses ressources pour multiplier le bien et étendre son action, ne négligeait pas de mettre à profit les qualités inhérentes à la femme : le dévouement, la pitié, l'abnégation, qui font d'elles les visiteurs des pauvres par excellence. Aussi cette tâche toujours pénible, souvent ingrate et décevante, leur était-elle particulièrement attribuée. On les employait à soigner les malades « et la maladie devenait ainsi une nouvelle source d'aumône (2) ». Elles étaient les auxiliaires actives du diacre, ses intermédiaires, et, sous le nom de diaconesses, ses infatigables collaboratrices. Ce titre privilégié était la plus belle récompense à laquelle pût aspirer une veuve sainte et expérimentée. Aucune femme ne devait approcher du diacre sans être accompagnée d'une diaconesse (3). Ce détail montre quelle confiance l'Eglise mettait en ces saintes femmes éprouvées à la fois par le malheur et par un long exercice de la bienfaisance.

Tout cet ensemble de prescriptions à l'égard des veuves, cette organisation de leur ordre, cette sévérité envers toutes et cette large part d'honneur accordée aux plus méritantes, cette prévoyance qui fait tirer à beaucoup d'entre elles leur subsistance de l'exercice même des vertus les plus convenables à leur sexe, est assurément

(1) Saint Jérôme, *loc. cit.*; cf. *Hom. 30 in I Ep. ad Cor.* *Const. Apost.* 2, 4.
(2) *Const. Apost.* 3, 5; 3, 6; 3, 7.
(3) Saint Jérôme, *Ep. 12, 2.*

un des plus beaux exemples de la clairvoyance, de la fermeté, de la charité, et, ajoutons-le, du haut sens pratique de l'Eglise aux premiers siècles.

VII

Enfin la charité chrétienne, outre ces catégories particulières de malheureux, s'étend sur tous les misérables, quels qu'ils soient; esclaves vieux et perclus, comme ceux que leurs maîtres barbares abandonnaient à Rome dans l'île d'Esculape, sur le Tibre, comme les infirmes, les malades, les vieillards, les mendiants de toute origine. Elle discernait d'ailleurs entre toutes ces clientèles qui faisaient appel à sa générosité, et ne traitait pas avec une égale mansuétude les pauvres honnêtes et dignes et les professionnels de la mendicité. A ceux-là elle recommande d'abandonner en passant une légère aumône, et c'est tout. Elle se met aussi en garde contre les faux naufragés, les prétendus nobles ruinés, les moines qui, de la profession, n'ont que l'habit. Il ne faut pas que ces multiples parasites dévorent le bien des vrais et bons pauvres. On ne les renvoie pas sans leur accorder un petit subside, mais on se garde bien d'aller plus loin et de leur faire des rentes (1). Au contraire, on s'efforce par tous les moyens de découvrir les pauvres honteux. Une fois connus on sait les secourir discrètement. Ceux qui n'avaient point de motifs pour cacher leur dénuement étaient recommandés aux fidèles dans leurs pieuses réunions. On y signalait aussi les malades.

Nous savons que l'Eglise de Rome, au temps du pape saint Corneille et du diacre saint Laurent, nourrissait journellement 1 500 pauvres (2), celle d'Antioche 3 000, (3), celle de Constantinople au temps de saint

(1) Saint Ambroise. *De off.* ii, 16.
(2) *Liber Pontificalis.*
(3) Saint Jean Chrys. *Hom.* lxvi *in Matth.* 3.

Jean Chrysostôme en nourrissait chaque jour 3 000.

Mais le bienfait ne se bornait pas aux aliments. On y joignait des vêtements et tout ce qui était nécessaire à la vie. On allait plus loin encore. La véritable charité doit être non seulement généreuse, mais prévoyante et morale. C'est pourquoi l'on s'efforçait de tirer d'affaire ceux que de fâcheuses circonstances plongeaient dans une détresse momentanée. On payait les dettes de ceux que poursuivaient les créanciers, et, chose remarquable, même lorsque les dettes étaient le fruit du désordre et du libertinage, parce que l'on pensait avec raison qu'un homme criblé de dettes est bien près d'être d'un homme perdu. On cherchait à d'autres des cautions (1). On parfaisait un salaire insuffisant. On indemnisait ceux que leur conversion au christianisme contraignait d'abandonner des professions peu en rapport avec leur foi nouvelle. On accueillait la main ouverte ceux que la persécution avait dépouillés de leurs biens. Mais à tous on recommandait le travail, et l'on ne voulait pas de frelons dans l'Eglise.

Une charité si active, si universelle à la fois et si minutieuse, exigeait, on le devine sans peine, autre chose que des bonnes volontés individuelles. Aussi la voyons-nous organisée par les apôtres eux-mêmes. Au commencement, ils la dirigeaient personnellement, mais bientôt ils ne purent suffire à la double tâche de prêcher l'Evangile et d'administrer les ressources de l'Eglise. Ce fut une réclamation des Juifs grecs de Jérusalem qui se plaignaient de voir les veuves juives plus favorisées que les leurs dans les distributions, qui fut l'occasion de cette heureuse division du travail. Sept hommes d'une intégrité et d'une expérience éprouvées furent désignés par les fidèles eux-mêmes. Les Apôtres leur imposèrent les mains et ainsi fut créé l'ordre des diacres. Ordre doublement digne de reconnaissance et de respect, car s'il fut un véritable ministère de la cha-

(1) Concile de Nicée, LABBE, 2, 317.

rité, il faut se souvenir aussi que le premier diacre eut également l'honneur d'être le premier martyr. On leur adjoignit bientôt des diaconesses. Il ressort des *Actes*, des *Épîtres*, des plus anciens écrits des Pères, que la diaconie s'organisait dans les nouveaux centres chrétiens au fur et à mesure de leur création, sur le modèle de celle de Jérusalem.

Toutefois, il ne paraît pas qu'à Rome il y ait eu des diacres sous les premiers successeurs de saint Pierre. Ce fut saint Clément qui divisa la ville par quartiers. L'idée première de ce pape fut, comme nous l'apprend le *Liber Pontificalis*, de faire rechercher et recueillir soigneusement par les diacres, en chaque quartier, les *Actes* des martyrs. Mais ce fut aussi le cadre de la charité. Le pape Fabien répartit deux à deux les différents quartiers de la ville, et en confia la direction à un diacre, sans doute assisté de quelques autres clercs (1). Un archidiacre les présidait.

On voit qu'il faut bien se garder de confondre ces diaconies primitives avec les maisons de charité fondées après la paix de l'Église et qui reçurent le même nom. L'organisation de ces dernières est mieux connue que celle de la diaconie des premiers siècles.

Toutefois les devoirs des diacres sont très bien définis par les *Constitutions apostoliques*. « Que le diacre, disaient-elles, soit l'oreille, l'œil, la bouche, le cœur et l'âme de l'évêque (2). » C'était à lui de découvrir les pauvres et de les signaler. Il devait présider à une enquête complète qui était consignée dans un registre. Les *Agapes*, ces repas qui réunissaient les frères avant la célébration du sacrifice, et où les plus riches partageaient avec les pauvres ce qu'ils avaient apporté, étaient un utile moyen d'investigation. Le diacre, dépositaire des ressources de l'aumône, veillait à la répartition des secours, et rendait compte à l'évêque de ce qu'il avait

(1) *Lib. Pont.*
(2) *Const. Ap.* II, 44.

donné. On se fiait entièrement à son discernement. C'est lui aussi qui désignait leur tâche à ses auxiliaires, diaconesses et fidèles charitables.

En effet, à cette époque la collaboration entre le clergé et les fidèles est constante. La charité était bien administrée mais n'avait sans doute rien d'administratif. Sans cesse on faisait appel à l'effort individuel. Nous avons vu ce qu'il en était pour les orphelins. Il ne faut jamais oublier pour toute cette période que l'Église était souvent contrainte à la dissimulation de son œuvre et toujours à la prudence. Ces quinze cents pauvres, auxquels l'Église de Rome fournissait chaque jour du pain et d'autres aliments, n'auraient pu sans inconvénient être réunis souvent sur un même point. C'eût été une véritable provocation à la cupidité des païens, jaloux, surtout au III° siècle, des immenses richesses qu'ils supposaient à l'Église. Il faut donc admettre qu'il y avait alors un mode différent de répartition des secours alimentaires. Comme on l'a ingénieusement remarqué (1), un texte des *Constitutions apostoliques* jette une certaine lumière sur cette question : « Que la veuve, disent-elles, ne fasse rien sans prendre l'avis du diacre lorsqu'elle veut aller chez quelqu'un pour boire ou pour manger. » Cela sous peine de jeûne et d'excommunication (2). Il s'agit donc d'une pratique habituelle et non d'une circonstance exceptionnelle. Ainsi les pauvres étaient secourus à domicile, chez les fidèles, après entente réciproque avec les diacres. Nous voyons ainsi comment tous pouvaient s'associer au ministère des diacres et des diaconesses. Les repas se donnaient chez les particuliers, à un ou plusieurs pauvres, suivant les facultés et la bonne volonté de chacun, et c'est pourquoi une discipline très rigide était indispensable, les infractions à cette discipline, de la part des secourus, entraînant, nous l'avons vu, les peines les plus graves.

(1) *Tollemer*, p. 509 et suiv.
(2) *Const. Apost.* 3, 7.

Ceci nous amène à passer en revue les diverses ressources que l'Eglise mettait à la disposition des diacres pour l'exercice de leur ministère de charité, celles du moins dont nous pouvons nous rendre compte.

D'abord la liberté absolue en manière d'aumône est un principe bien constaté chez le chrétien (1). Il paraît même qu'il en était ainsi jusque dans l'Eglise de Jérusalem, établie sur des règles toutes particulières, car saint Pierre ne reproche pas à Ananie d'avoir gardé une partie de ses biens, mais d'avoir dissimulé cette restriction (2). Chacun donc donnait ce qu'il voulait, sans qu'aucun contrôle, autre que celui de la conscience, s'exerçât sur le fidèle. Chaque mois, selon Tertullien, on avait coutume de déposer une offrande au trésor de l'Eglise. Chaque dimanche, suivant le conseil de saint Paul, on tirait de sa bourse une légère aumône (3). Si quelqu'un mourait dans une famille, on recommandait de donner sa part d'héritage ou une partie de son bien à l'Eglise et non aux héritiers déjà pourvus (4). Le jeûne était aussi un prétexte d'aumône. On ne voulait pas, avec raison, que la pratique de la pénitence, dans une maison chrétienne, devînt un prétexte dont se couvrît l'avarice du maître. Ce que l'on aurait dépensé en un repas, en un jour, il était conseillé de le réserver aux pauvres. Ce que le jeûne empêchait de consommer, on le donnait aux pauvres (5), ce qui nous prouve, entre parenthèses, que l'Eglise n'était pas alors plus qu'aujourd'hui impitoyable dans

(1) Tert. *Apol.* 2.
(2) *Actes.* IV, 37.
(3) *Epist.* I *ad Cor.* XVI, 2 ; II *ad Cor.* VIII, 1, 8, 4, 8, 10 ; IX, 7.
(4) S. Aug. *Sermo* IX, 20, 21.
(5) Saint Ignace d'Antioche, Ad. Philippe, Jeûnez et donnez aux pauvres le surplus de vos repas, — Hermas, l. I, *de past.* — Origène, *hom.* 10, *in levit.* — Saint Ambroise., *serm.* 33 ; saint Jean Chrys., *serm. de Jejunio,* etc., etc.

ses règles sur le jeûne et l'abstinence, bien que ses lois fussent plus rigoureusement observées.

Surtout l'aumône était recommandée à tous. Que le pauvre lui-même donnât son obole, sinon il ne satisfaisait pas à la loi divine. On sait de quels résultats un effort unanime et constant est capable.

D'autres occasions régulières s'offraient de faire l'aumône. C'étaient les Agapes, où le riche apportait plus qu'il ne lui était personnellement nécessaire ; les anniversaires des morts donnaient lieu dans les familles à des repas où les pauvres trouvaient leur place ; ils pouvaient y venir nombreux, car ces réunions étaient une coutume générale, commune aux païens et aux chrétiens, et la présence de personnes étrangères à la famille n'avait rien qui pût surprendre. De même parmi les cérémonies des funérailles il y avait un banquet. Quand il s'agissait d'une personne riche, membre d'une famille puissante, on invitait parfois une véritable multitude, parents, amis, clients, voisins. Le christianisme n'avait aucune raison pour rejeter un usage cher à la société d'alors ; il en détourna seulement la signification et l'usage, en en faisant un touchant prétexte à des libéralités qui, dans la pensée de leurs auteurs, étaient profitables à la fois à ceux qui en étaient l'objet et à l'âme du défunt. On a peine aujourd'hui à se figurer ce que pouvait être une cérémonie de ce genre. Quand Pammachus (1), riche patricien de Rome et ami de saint Paulin de Nole, perdit sa femme, non seulement il fit de grandes aumônes, mais il convia au repas funèbre *tous* les pauvres de Rome. Sans doute il faut entendre tous ceux que secourait l'Église. Toute la basilique de saint Pierre en fut remplie, et en outre le parvis, les degrés, et cela étant insuffisant, ils couvrirent encore la place. Toute la ville de Rome, dit saint Paulin (2), était en aimable rumeur

(1) PAULIN DE NOLE, *Ep.* XIII.
(2) EUSÈBE, *De Vita Const.*, 1, 85 ; 2, 39.

et en confusion. On leur servit un repas de pain et de viande, et sans doute aussi de vin, car le vin faisait partie des distributions habituelles.

Enfin, à côté de cette multitude de petits canaux qui alimentaient sans relâche le trésor des pauvres, de grands fleuves s'y déversaient : c'étaient les biens immenses des riches qui, bravant le scandale et les reproches de leurs amis, rompaient avec le monde, vendaient tous leurs biens et en abandonnaient le prix aux pauvres. Saint Paulin de Nole, pour n'en citer qu'un exemple, possédait en Gaule, en Italie, en Espagne, des domaines véritablement princiers. Il s'en défit successivement au profit de l'Église, des pauvres, et des bonnes œuvres auxquelles il consacrait sa vie.

De même encore les cimetières chrétiens furent souvent, à l'origine, établis dans des propriétés particulières où la tombe familiale devenait comme le noyau d'une vaste nécropole. Les églises, les bâtiments qui en dépendaient, furent de bonne heure des biens communs à tous sous l'administration de l'Église. Ces biens étaient déjà assez considérables au IIIe siècle pour exciter la convoitise et entraîner la confiscation.

Et, néanmoins le diacre saint Laurent était dans la vérité lorsqu'au préfet Valérien, qui le sommait de lui livrer les trésors de l'Église, il présentait les pauvres, les boiteux, les aveugles, rassemblés : « Voilà nos trésors », car toutes ces richesses n'étaient pas entre les mains de l'Église un instrument de jouissance ou de domination, mais de soulagement pour les corps et de salut pour les âmes, le visible témoignage de la fécondité chrétienne.

CHAPITRE II

LA CHARITÉ APRÈS L'ÉDIT DE CONSTANTIN

Nouveau caractère de la charité. — La diaconie. — Maisons
pour les orphelins, les vieillards, les malades, les voyageurs. — La Basiléide. — L'empereur Julien imitateur
du christianisme.

Lorsque l'Édit de Constantin eut donné à l'Église
la paix et la liberté, la charité prit un nouvel essor.
Elle change même de caractère dans une certaine mesure. Les appels réitérés des évêques et des Pères à la
libéralité publique, les reproches parfois véhéments
qu'ils adressent au zèle refroidi d'une partie du peuple
chrétien, indiquent un certain amollissement, fruit de
la paix et de la sécurité. La charité devient plus admi-
nistrative et moins personnelle. On s'en remet davantage au clergé et aux évêques du soin de soulager les
pauvres. L'on donne encore, et beaucoup ; les exemples
de riches patrimoines abandonnés au profit des œuvres
charitables et de l'Église sont fréquents, mais le con-
tact entre le fidèle et le pauvre est moins journalier,
moins constant.

Quelle que soit l'admiration qu'inspirent la multitude
et l'ingénieuse organisation des œuvres qui se fondent
alors de toutes parts, on se prend parfois à regretter
l'élan enthousiaste et irrésistible qui, aux temps de la
persécution, jetait le pauvre et le riche dans les bras
l'un de l'autre.

Soyons juste toutefois. Les moyens qui convenaient
à une société plus ou moins restreinte ne suffisaient

plus sans doute à la multitude chaque jour grossissante de ceux qui embrassaient le christianisme. Sans abandonner ces moyens, profitables à ceux qui donnaient autant qu'à ceux qui recevaient, il était nécessaire, pour tirer le meilleur parti des ressources considérables dont disposait l'Eglise, de les grouper davantage, de les répartir avec plus de science et de méthode. Il n'est pas douteux que la charité d'œuvres qui se créa dès lors ne fût davantage capable d'atteindre la masse des pauvres, de faire face d'une manière plus efficace aux besoins variés de la misère, en un mot de remplir son objet avec plus de sûreté et bien plus complètement.

Un des motifs de ce changement se trouve aussi dans la modification qui se produit dans les biens de l'Eglise. Les biens immeubles, rares et précaires avant le règne de Constantin, affluent au contraire à partir de cette époque. Constantin lui-même, aux biens confisqués qu'il rendit à l'Eglise, ajouta des maisons, des terres, des jardins et d'autres possessions semblables (1). Les legs des fidèles, qui devaient être acquittés par les héritiers sous peine d'excommunication, vinrent rapidement grossir ce patrimoine.

Il était donc naturel que l'Eglise, fidèle à son esprit, cherchât à utiliser au profit des pauvres ces ressources nouvelles.

La *diaconie*, appelée dans l'Eglise grecque *ptochotrophium* se transforme (2). Elle devient un véritable bureau de charité. Les maisons sont réparties par quartiers. Le pauvre y trouve chaque jour, à heure fixe et non loin de son domicile, la table prête. On lui distribue également les vêtements dont il a besoin. Ces pauvres sont inscrits. Avant de donner aux passants qui viennent solliciter les diacres, il est de règle que leur subsistance soit assurée. Peut-être même des habitations furent-elles construites à l'usage des pauvres

(1) V. Du Cange, *Glossarium* au mot *Diaconia*.
(2) Tollemer, p. 554-5.

à l'entour des diaconies (1). Les fermes appartenant à l'Église devaient fournir autant que possible aux besoins des diaconies. Certaines fermes étaient attribuées à certaines diaconies (2). Les repas, qui se prenaient dans la maison, étaient précédés ou suivis d'exercices religieux. On se réunissait pour cela dans la chapelle ou l'oratoire, car chaque diaconie en était pourvue. L'une de ces chapelles a été retrouvée au cours des fouilles exécutées au Forum Romain dans les années 1901-1902. C'est une véritable église, richement décorée de colonnes en marbre et de peintures, la célèbre *Sancta Maria antiqua*.

La maison de charité était présidée par des diacres ou des prêtres. On trouve aussi parmi les administrateurs, des laïques, qui sont parfois de grands personnages désireux de consacrer au service des pauvres la fin d'une carrière glorieusement remplie à celui de la patrie. Ils ne sont responsables que devant leur conscience et ne doivent de comptes à personne.

Puis ce sont des fondations de toutes sortes.

Aux enfants s'ouvrent le *Bréphotrophium*, l'*orphanotrophium* ou orphelinat. On ne sait pas bien exactement en quoi différaient ces deux sortes d'établissements. On a supposé que peut-être les premiers recueillaient les enfants trouvés ou tout à fait abandonnés et sans ressources, tandis que les seconds étaient spécialement réservés aux enfants de naissance libre (3). Les directeurs de ces maisons furent légalement constitués en tuteurs des enfants qui y trouvaient asile. C'est à eux que revenait le soin de faire valoir le bien de ces enfants. Ils pouvaient les aliéner dans de certaines conditions et en faire fructifier le produit de la manière qu'ils jugeaient la plus avantageuse pour leurs pupilles. La loi confiante dans leur zèle et leur inté-

---

(1) *Adriani vita*, LABBE, p. 1741.
(2) V. TOLLEMER, p. 545 et suiv.
(3) *Code Justinien*, t. I, tit. 3, 32.

grité allait jusqu'à les dispenser de toute reddition de compte. « Parce que, disait l'empereur Marcien, il y aurait quelque chose d'injurieux et d'inique à exposer aux vexations d'habiles machinations des hommes qui par crainte de Dieu, s'empressent de sustenter des mineurs privés de leurs parents et de moyens de subsistance, se consacrant à les élever avec une affection toute paternelle (1). »

En regard des orphelinats, nous pouvons placer les asiles de vieillards, *gerontocomia*. Nous savons peu de chose sur ces maisons, mais il n'est pas douteux qu'elles ne fussent assez répandues, car nous en connaissons à Rome et sur le mont Sinaï. La première fut fondée par le pape Pélage II qui de sa maison, dit le *Liber Pontificalis*, avait fait un hôpital pour les vieillards pauvres (2). La seconde avait été construite sur le mont Sinaï par un certain Scaurus, et les *Registres* de pape saint Grégoire contiennent une lettre du Pontife à l'abbé du monastère, au sujet de secours en literie et en argent qu'il adresse à cet établissement (3). La célèbre loi de Justinien qui règle la situation légale des hospices de tous genres et à laquelle nous en devons la précieuse énumération, mentionne les *gerontocomia* (4). On en peut conclure qu'ils étaient plus nombreux que les textes conservés ne le laisseraient deviner. Cela est du reste infiniment vraisemblable (5).

La visite des malades à domicile fut toujours conseillée par les Pères et nous savons par l'exemple de sainte Paule entre autres que ces conseils n'étaient pas vains. « Noble rejeton des Gracques et des Scipions, écrit saint Jérôme, elle prodiguait ses biens à ceux que la maladie retenait sur leur lit de douleur. Elle allait, furetant avec une ardente curiosité, les plus humbles

<hr>

(1) *Liber Pontif.*
(2) *Registres.*
(3) *Cod. Just.* liv. 1, tit. 2, 19.
(4) Saint Jérôme, *Epist. ad Eustoch, Epitaph. Paulæ.*
(5) Saint Jérôme, *Epist.* 54, *De morte Fabiolæ.*

réduits de la ville de Rome, estimant qu'elle avait reçu un dommage personnel, lorsque quelqu'un avait pu la prévenir en procurant des soins aux infirmes et aux pauvres (1). »

Néanmoins les hôpitaux proprement dits ne pouvaient qu'être infiniment avantageux à une foule de pauvres qui ne trouvaient chez eux ni le confortable, ni l'hygiène, ni la continuité de soins désirables. Le premier hôpital de Rome ne fut fondé qu'assez tard, par l'illustre Fabiola. Il faut lire dans saint Jérôme l'admirable peinture d'une charité qui s'attaquait de préférence aux plus horribles maladies, aux infirmités les plus répugnantes. C'est justement pour ce genre de maladies que des hôpitaux étaient le plus nécessaires : « Combien de fois l'a-t-on vue portant sur ses épaules des pauvres dégoûtants de saleté? Combien de fois l'a-t-on vue laver des plaies qui répandaient une puanteur telle que personne ne pouvait même les regarder?... Non, quand j'aurais cent bouches, cent langues, et une voix de fer, je ne pourrais énumérer tous les noms des maladies auxquelles Fabiola procura tant de soulagement (2). » Pour cette fondation, elle avait abandonné tous ses biens qui étaient considérables.

Les hôpitaux étaient sensiblement plus anciens en Orient où on les désignait par le nom de *nosocomia*. Il y en avait un à Constantinople quand saint Jean Chrysostôme devint évêque de cette ville. Il y en établit six autres. Une loi d'Honorius et de Théodose nous apprend quel développement le service hospitalier avait pris à Alexandrie : « Pour les infirmiers (*parabolani*), délégués au service des malades, nous ordonnons qu'ils soient établis au nombre de six cents. On les choisira parmi ceux qui ont acquis le plus d'expérience dans ce genre de service. » Il y en avait donc plus encore dans la seule Alexandrie. Leur choix était abandonné

(1) PALLAD. *Dial.*, ch. VIII.
(2) *Cod. Théod.* liv. XVIII, *Cor. Just.* 1, tit. 5, 16.

à l'évêque sous les ordres duquel ils demeuraient (1).

Peut être ces infirmiers constituaient-ils une sorte d'ordre religieux (2). Saint Jean Chrysostôme n'acceptait que des hommes qui ne fussent point engagés dans les lois du mariage (3).

Nous avons dit plus haut en parlant de l'hospitalité que cette forme de la charité ou tout au moins de la bienveillance sociale était celle dont les civilisations antiques avaient eu la plus claire notion. Toutefois cette vertu était demeurée toute privée. L'étranger inconnu était abandonné à lui-même. Athènes est la seule ville où l'hospitalité ait été exercée publiquement. Il y existait dès une date inconnue mais certainement lointaine des *xenodochia* ou maisons pour les étrangers que leurs affaires ou la curiosité attiraient dans la capitale de l'Attique. Des magistrats, appelés proxènes, étaient chargés au nom de l'État d'y présider à l'hospitalité publique (4). Il y avait aussi à Thèbes un hospice avec des lits. Il était situé près du temple de Junon et consacré à la déesse. Il est probable que c'était une sorte de refuge pour les voyageurs sans asile (5). De pareilles attentions pour les hôtes étrangers sont bien dignes de l'aimable génie du peuple Grec. Malheureusement les exemples que nous venons de citer sont les seuls connus. On peut conclure que ces institutions étaient rares. L'auberge était une médiocre ressource pour le voyageur, et des anecdotes bien connues prouvent que la sécurité même était loin d'y être absolue. Sous le règne de Constantin et de ses fils, l'Église fonda partout des *xenodochia*. L'utilité de ces maisons n'est pas douteuse. Une homélie de

(1) C'est l'avis du savant Godefroy, dans son commentaire du Code Théodoisen, V, Tollemer, p. 77.

(2) Palladius, *loc. cit.*

(3) Xénoph. *Hist. Grecque*, v, 4.

(4) Thucyd, iii, 68.

(5) Saint Jean Chrysostome, *in act. Dom.* 45, 3.

saint Jean Chrysostôme (1) nous apprend à quel point elles étaient nécessaires. Il en existait une à Constantinople. Or, le nombre des étrangers qui s'y présentaient était tel qu'elle était loin de pouvoir les accueillir tous. Aussi le saint évêque, dont l'éloquence ne se lasse jamais de faire appel à la charité personnelle et directe, exhorte-t-il ses ouailles à créer chacun dans sa maison un *xenodochium*, c'est-à-dire une chambre pour les étrangers, avec un lit, une table, un flambeau. Pour toute rénumération il leur recommandait de ne solliciter que des prières. Pammachius et Fabiola consacrèrent une partie de leurs richesses à la fondation d'une hôtellerie à Ostie, où l'incessant va et vient des voyageurs du monde entier rendait cette création plus utile que partout ailleurs. Aussi fut-elle bientôt célèbre et assidûment fréquentée. Des moines la desservaient (2). Pammachius lui-même, en robe de bure, ne croyait pas s'abaisser en servant de ses propres mains les étrangers qui venaient frapper à la porte de son *xenodochium*. Peu à peu, on en rencontre de semblables sur tous les points du monde romain. Chaque monastère dut en posséder un à côté de ses bâtiments propres, ainsi qu'un hôpital et souvent aussi un orphelinat où les enfants étaient instruits dans l'agriculture et les métiers.

Enfin de tous les établissements de charité, le plus grandiose, celui qui laissa dans tous les souvenirs l'empreinte la plus profonde, est la fameuse *basiléide*, œuvre de saint Basile à Césarée. Il mit tant d'ardeur à la créer qu'on l'accusa d'y avoir épuisé toutes les ressources des Églises. Il se justifia d'ailleurs de ce reproche. La *basiléide* était à la fois un *Xénodochium* où l'on recevait les étrangers et les passants, un hôpital pour les malades, et un hospice où l'on donnait du

(1) Saint Jérôme, *Epist.* 84. *Vit. Fab. ad Ocean.*
(2) Saint Basile, *Regulæ fusius tractatae.* Interrog. xv, XXXVIII, LIII.

travail à ceux qui y étaient admis, forme d'assistance particulièrement remarquable à cette époque, et l'une de celles qui échappent le plus aux reproches spécieux et souvent justifiés que l'on adresse à l'assistance quelle qu'elle soit. Les produits de ce travail étaient vendus au dehors, et le bénéfice contribuait à l'entretien de l'établissement. Celui-ci était une véritable ville, nous dit-on, avec toute une population de médecins, d'infirmiers, de porteurs pour les infirmes, de guides pour les aveugles. Enfin il y avait dans la basiléide une *léproserie.* C'était la première fois que ces tristes victimes de la plus affreuse maladie voyaient se tendre vers eux des bras compatissants, la première fois qu'ils étaient traités en hommes et non en fléaux de l'humanité, la première fois qu'ils se voyaient accueillis en frères et non plus repoussés avec horreur. Cette institution seule suffirait à témoigner du changement qui s'était fait dans les cœurs depuis l'avènement du christianisme (1).

L'éloge le plus éloquent que nous puissions citer de cette extraordinaire diffusion de la charité, nous ne l'emprunterons pas à quelque Père de l'Eglise, mais au plus implacable, ennemi du *Galiléen,* à celui qui, pour rénover le paganisme expirant, tenta de lui infuser les vertus de la religion nouvelle, à Julien l'Apostat. Sa lettre au grand prêtre de Galatie, Arsace, est bien connue, mais elle est toujours bonne à rappeler, et l'on peut dire, toujours d'actualité : « Pourquoi nous reposer comme s'il n'y avait plus rien à faire ? Que ne tournons-nous nos regards vers ce qui a grandi la secte impie des chrétiens, leur bienveillance envers les voyageurs, les soins qu'ils donnent à la sépulture des morts et la pureté qu'ils simulent... Fais donc élever dans toutes les cités de la Galatie des hospices

____

(1) Sur la Basiléide : SOZOMÈNE, *Hist. Eccl.* VI, 34. — Saint GRÉG. de NAZ. *Fun. oratio in laud. Basilii magni.*, orat, XLIII, 63. — Saint BASILE, *Ep.* XCIV.

pour les voyageurs, afin que tous jouissent de notre
libéralité, non seulement ceux qui professent notre religion, mais les autres encore, du moment qu'ils sont
tombés dans le dénuement. Voici les moyens que j'ai
adoptés pour subvenir aux frais du service : j'ai
ordonné de répartir dans toute la Galatie trois cent
mille boisseaux de froment et soixante mille setiers de
vin. Le cinquième appartiendra aux prêtres chargés de
cet office, et le reste sera pour les étrangers et pour les
mendiants. Car c'est une honte pour nous que parmi
les juifs, personne ne mendie et que les impies Gali-
léens nourrissent non seulement leurs pauvres, mais
encore les nôtres, et que nos proches mêmes soient
abandonnés par nous qui devrions les secourir (1) »

CHAPITRE III

INFLUENCE DU CHRISTIANISME SUR LA LÉGISLATION.

L'esclavage, la puissance paternelle, les enfants abandonnés.

On n'attend pas de nous que nous traitions avec développement une question si vaste. Cependant, nous
ne serions pas complet si nous n'indiquions au moins
à grands traits les modifications que le christianisme,
dès le règne de Constantin, s'efforça d'introduire, et
introduisit en effet dans la dure législation païenne.
La réforme des mœurs devait en effet entraîner celle des
lois. L'œuvre législative des empereurs chrétiens n'est

(1) *Julian. op. Ad Arsac. pontif. Galat. Ep.* XLIX.

pas moins digne d'admiration que la charité active et pratique des évêques et des fidèles.

Nous nous bornerons du reste à signaler rapidement ce qui concerne plus particulièrement le point de vue auquel nous nous sommes placés, celui de la charité.

Si l'équité et la charité sont deux choses différentes, ne peut-on pas dire néanmoins que la première est la plus solide base de la seconde, surtout dans les lois? Or le grand progrès que le christianisme fit faire au droit romain ce fut de précipiter ce mouvement qui depuis l'établissement de l'Empire substituait lentement l'équité à l'esclavage des formules. Si les sentiments de famille ne sont pas la charité, n'est-il pas vrai cependant que tout ce qui porte atteinte à ces sentiments est un outrage fait à la charité dans sa forme, la plus spontanée, la plus naturelle à l'humanité, la plus nécessaire à la bonne moralité des sociétés? Or, la réforme que Justinien apporta à la loi sur les successions, cette loi qui est peut-être le chef-d'œuvre du grand législateur, rompait avec les vieux errements du droit romain, rétablissait l'ordre naturel des successions suivant l'ordre des affections, c'est-à-dire de la parenté la plus proche, en ne tenant plus qu'un très faible compte de la distinction tout aristocratique des *agnats* et des *cognats*. Ce n'est plus désormais la parenté de mâle ou mâle qui fait loi, mais simplement la parenté, quelle qu'elle soit. La mère retrouve tous ses droits. L'enfant passé par adoption dans une autre famille ne perd plus tous ses droits sur les biens de sa famille naturelle, les liens du sang ne sont plus brisés par l'adoption.

Donner à la femme le plus de dignité possible, n'est-ce pas encore faire acte de justice et de charité, puisque cette justice était refusée à la moitié du genre humain? C'est ce que sont les lois de Constantin, de Théodose, de Justinien sur la capacité de la femme à posséder, sur le mariage, le divorce, le concubinat.

Lui assurer les moyens d'exercer dans la société la légitime, l'utile activité qui lui permettent de consacrer son temps à d'autres soins que les dangereuses occupations de la toilette, des spectacles et des frivolités de toute sorte, n'est-ce pas encore une œuvre de l'esprit de charité, alors que tout cela lui était refusé par le vieux droit? C'est ce qu'à l'imitation de l'Eglise, autorise le droit nouveau.

Si donc on a pu adresser au code Justinien de graves reproches au point de vue de l'*art*, si les jurisconsultes de l'époque chrétienne le cèdent sans conteste sous ce rapport aux grands juristes du III° siècle, du moins pouvons-nous affirmer que ce code marque un grand, un incontestable progrès sous le rapport de l'*humanité*. Et qui, en pareille matière peut raisonnablement préférer l'art à l'humanité?

Mais il est deux points sur lesquels nous pouvons, sans crainte de sortir de notre sujet, insister un peu plus longuement, parce qu'ils y touchent de très près : nous voulons parler de l'esclavage et de la puissance paternelle de laquelle on ne sépare pas le sort de l'enfant.

Nous l'avons dit, le sort de l'esclave s'était peu à peu adouci durant la période païenne et l'empire. Néron, peut-être sous l'inspiration de Sénèque, avait par la loi Pétronia interdit aux maîtres de livrer leurs esclaves aux combats de bêtes. Depuis, et probablement sous l'influence latente des idées chrétiennes partout infiltrées, le droit de vie et de mort avait été attribué aux magistrats (1). Le préfet de la ville fut chargé de surveiller le droit de correction attribué aux maîtres (2).

Mais il était réservé aux empereurs chrétiens de faire bien davantage. La constitution promulguée en 312 par Constantin recommande aux maîtres d'user

(1) GAIUS, *Com*, I, 53, et l, I, § 2, *ad leg. Corn. de Siccriis.*, GODEFROY, *Cod. Théod. De emend. serv.* ; POTHIER, *Pandectes*, t. I, 19, n° 3.
(2) *Dig. De officio præf. Urb.*

de leur droit avec modération. Non seulement la mort, mais tous les sévices graves, soigneusement énumérés, sont, de par cette constitution, considérés comme homicide.

Mais ce n'est pas tout que d'assurer à l'esclave un traitement plus humain. Il était digne d'un empereur chrétien d'encourager son affranchissement. Et c'est bien le sentiment religieux qui guide Constantin dans les nombreuses facilités qu'il accorde à l'affranchissement, car cet acte, dit-il, doit s'accomplir *religieusement*. Il établit la *manumission* dans l'Église, avec l'assistance de l'évêque (1). Il accorde aux clercs le droit d'affranchir leurs esclaves par pure concession verbale (2).

On a justement mis en lumière le contraste qui existe entre cette politique généreuse et la prévoyance un peu étroite et mesquine d'Auguste en cette matière (3).

Justinien compléta l'œuvre du premier empereur chrétien. Il multiplia les moyens d'affranchissement, Il donna aux affranchissements par testament la même force qu'à ceux qui s'accomplissaient entre vifs (4). Il supprima toutes les distinctions qui maintenaient certaines classes d'affranchis (*Latin juniens, Dedilices*) dans une situation inférieure.

Constantin décréta qu'un Juif ne pourrait avoir un chrétien pour esclave. Si le cas se présentait, l'esclave avait droit à l'affranchissement immédiat et le Juif payait une amende (5). Honorius et Théodose éten-

(1) TROPLONG, *De l'influence du christianisme sur le droit civil des Romains*, 1 vol. Paris, 1855. Cet ouvrage de haute érudition et de foi éclairée nous sert en partie de guide.

(2) Cod. Just. *De lege Fusia Caninia tollenda ;* Institutes, même titre.

(3) EUSÈBE, *De vit. Const.*, 4, 37.

(4) Cod. Just. 4, tit. X.

(5) V. Saint GRÉGOIRE, *Registres*, 3, 38. *Cf.* 6, 32, 8, 31 ; 9, 36.

dirent cette disposition aux païens et aux hérétiques et le catéchumène fut admis à en profiter (1).

Les évêques en surveillèrent l'exécution avec un soin jaloux.

Enfin la cléricature et la vie monacale devinrent pour une foule d'esclaves un asile de liberté. Mais avec sa sagesse et son équité habituelles, l'Église ne voulut pas que cette faculté dégénérât en abus et en atteinte portée au droit de propriété (2). Aussi, voyons-nous le pape Gélase modérer le zèle des évêques qui accueillent trop volontiers ces déserteurs d'un nouveau genre et leur imposer, sous des peines graves, l'obligation d'exiger de ceux qui se présentent une autorisation écrite de leurs maîtres (3).

La question était délicate. Du moment que l'esclave, moralement et religieusement parlant, n'était plus considéré comme un être inférieur, du moment qu'il n'y avait plus « ni hommes libres ni esclaves » suivant la parole prononcée et accréditée près de cinq cents ans plus tôt, était-il légitime, était-il de bonne foi de refuser à l'esclave le droit de suivre une vocation respectable entre toutes? Si ce droit lui était refusé, cette prétendue émancipation n'était-elle donc qu'un leurre et un mensonge? Justinien s'en préoccupa et l'exposé des motifs de la loi, qui prend pour texte la parole de saint Paul que nous rappelions, montre à quelle élévation se plaçait le législateur dans ses vues sur les rapports des hommes entre eux. La loi décidait que quiconque voudrait embrasser la vie religieuse, libre ou esclave, le pourrait librement. Un noviciat de trois ans était exigé de tous indistinctement au bout desquels « ils recevaient, s'ils en étaient jugés dignes, l'habit monacal et la tonsure, *sans qu'il fût permis à personne de les inquiéter, qu'ils fussent libres ou*

(1) ABBÉ LABBE, *Epist.* 9, ch. XIV, vers 492.
(2) *Auth.* col. I, tit. 4, nov. 8, 1 et 2.
(3) *Décret*, 5, t. II, 1290.

esclaves. Car si dans beaucoup de circonstances, l'affranchissement est reconnu en vertu de la loi, et si une certaine liberté est alors concédée, comment la grâce divine n'aurait-elle pas assez de puissance pour briser les liens de leur esclavage ? (1) »

Saint Grégoire de son côté résout la question absolument de la même manière au point de vue du droit ecclésiastique (2).

Tout ce que le christianisme primitif pouvait faire en faveur des esclaves, il l'a fait, on le voit. Supprimer l'esclavage, il n'y pouvait songer encore. Une semblable transformation ne peut être que l'œuvre du temps, et non pas celle d'un homme.

La puissance paternelle avec cette rigueur qui permettait à un Brutus de tuer ses fils restés fidèles à Tarquin, à Cassius de juger et de condamner à mort son fils coupable seulement d'avoir embrassé le parti des lois agraires, cette puissance avait été, on ne saurait le nier, un des facteurs de la grandeur romaine. Cette discipline, austère jusqu'à la cruauté, cette suprématie des sentiments civiques sur les sentiments de famille, unissaient en un seul faisceau toutes les forces de la république où tous n'avaient qu'un but, l'accroissement de la patrie et l'affirmation de sa supériorité. Mais une pareille dureté de mœurs ne pouvait se perpétuer.

A mesure que le goût des jouissances, que la culture artistique et littéraire, que les influences plus douces de la Grèce et de l'Orient s'introduisaient à Rome, il était nécessaire que la puissance paternelle, en fait sinon en droit, perdît de sa rigueur.

Ce fut ce qui arriva. Dès le temps de Néron, l'opinion publique ne souffrait plus que le père usât de droit de vie et de mort sur les enfants adultes,

(1) Cod. Theod. De Parricid. et L. Uxc.; Cod. Just. De h's qui parent, vel liber.
(2) Cod. Theod. 1, 2, 3, de Maternis bonis.

Alexandre Sévère leur enleva ce droit qui fut réduit à celui de correction. Constantin alla beaucoup plus loin : il punit des peines du parricide le père coupable d'homicide sur la personne de son fils (1). En outre le fils cessa d'être la possession du père. On sait que primitivement, il lui appartenait avec tous ses biens. Auguste, Nerva, Trajan, avaient accordé au fils la propriété du pécule acquis au service militaire, mais seulement pour le temps de son séjour à l'armée. Adrien étendit cette concession au fils retiré du service. Constantin assimila au pécule acquis au service tous les biens acquis par le fils dans les fonctions publiques, comme avocat, membre du clergé, assesseur, etc. Avec Justinien, le père ne fut plus l'héritier unique de son fils mort *ab intestat*. Il prit rang parmi les héritiers au jour où la loi l'appelait. Enfin la propriété des biens maternels, et c'est là un grand changement, revient aux enfants, et le père n'en eut plus que l'usufruit, pendant leur minorité, s'il se remariait (2). Plus tard, avec Gratien et Valentinien le jeune, il en fut de même des biens des aïeux (3). Beaucoup de réformes de détail complétèrent peu à peu ces mesures émancipatrices. Si l'on en considère les conséquences, on verra que nous ne sommes nullement sorti de notre sujet en les signalant.

L'antique puissance paternelle ne s'appliquait pas seulement à des enfants, mais aussi bien à des hommes. Elle constituait pour le fils un véritable servage qui ne finissait qu'à la mort de son père. Bonne sans doute, malgré la rigueur, lorsque la vie de clan était encore puissante, elle était depuis longtemps en désaccord avec les mœurs et abusive au point de constituer

(1) *Cod. Theod. Loc. cit.*

(2) LACTANCE, *Div. Institutio*, VI, 20, cf. l'écrit antérieur d'Athénagore « philosophe chrétien » ; *Christ. apol.* Lactance était précepteur de Crispus, fils de Constantin. Son *Institutio divine* est dédiée à Constantin.

(3) *Cod. Theod. De alimentis quæ inopes parentes*, I, II.

une iniquité sociale. Les lois des empereurs chrétiens en brisèrent les vieux moules et ne laissèrent subsister de la puissance paternelle que ce qu'elle comportait de légitime et d'utile pour le temps. Les lois sur la propriété du fils, sur les successions de la mère et des aïeux assurèrent à l'enfant le respect de sa personnalité. En cas de second mariage ils le mettaient à l'abri des caprices d'une marâtre et de la légèreté possible d'un père aveuglément entraîné. Voilà de véritables progrès dans la voie de l'humanité.

Ce n'est pas tout. Nous avons dit l'horrible sort auquel cette même législation antique exposait les petits enfants. Nous avons vu également, d'après les témoignages de Tertullien, de Minucius Felix, auxquels on peut ajouter celui de Lactance, contemporain de Constantin, comment ni les mesures législatives prises par certains empereurs, ni le progrès des mœurs, n'avaient aboli des abus aussi criminels que l'infanticide, l'abandon, la vente des enfants.

La réponse de Constantin à l'appel de Lactance ne se fit pas attendre ; « que toutes les villes d'Italie, proclame un édit de 325, aient connaissance de cette loi dont le but est de détourner les mains des pères du parricide et de leur inspirer de meilleurs sentiments. Si donc quelque père a des enfants auxquels sa pauvreté l'empêche de donner de la nourriture et des vêtements, ayez soin que notre fisc et même notre domaine privé leur en procure sans délai ; car des secours aux enfants qui viennent de naître ne comportent pas de délai (1). »

C'est là une loi de charité paternelle s'il en fut jamais et une inspiration si généreuse suffirait à mériter à Constantin l'indulgence pour bien des actes répréhensibles. Cette loi, faite pour l'Italie, fut en 322 étendue à l'Afrique. Elle était complétée par une mesure semblable s'étendant aux enfants que la pauvreté des pères pousserait à mettre en gage ou à vendre.

(1) *Cod. Théod. Ibid.* l. 2·

Pour dire le vrai, économiquement parlant, une telle loi était inapplicable. Il est certain qu'elle ne put être intégralement appliquée et il fallut la modifier de deux manières : en réprimant l'abus persistant par des sanctions pénales, en encourageant la charité des particuliers qui recueillaient les enfants abandonnés. Nul, pas même le père, ne peut les réclamer. Le père est en ce qui concerne l'abandonné, entièrement déchu de la puissance paternelle (1). S'il trouble la propriété de celui qui a recueilli l'enfant, il sera châtié conformément à la loi. L'enfant sera traité comme un fils ou comme un esclave, suivant la déclaration qui en aura été faite devant l'évêque par le nourricier. On a vu plus haut quels conseils l'Église donnait aux fidèles à ce sujet, et combien son humanité était plus complète que ne pouvaient être, d'après les usages du temps, les prescriptions légales. En cas de vente, le père pourra réclamer l'enfant, en en payant le prix à l'acheteur ou en lui fournissant un autre esclave (2).

Valentinien Ier alla plus loin encore en considérant comme homicide le père qui exposait son enfant. En outre, l'enfant put recouvrer sa liberté sans indemniser l'acheteur (3).

Le mal était si enraciné que l'efficacité de ces lois demeura insuffisante et l'on voit les divers empereurs jusqu'à Justinien osciller entre ces divers systèmes.

Quoi qu'il en soit, l'influence du christianisme sur la législature est ici plus éclatante que partout ailleurs.

Le droit ecclésiastique poursuivait la même lutte que le pouvoir civil. Il encourage l'adoption des enfants abandonnés, la régularise par une déclaration publique faite le dimanche à l'office par le prêtre au nom de l'adoptant, prononce enfin contre quiconque

(1) Cod. Théod. De expositis, l. I, an 333.
(2) Cod. Théod. De his qui sanguinolentes, l. I, an 329.
(3) Cod. Just. De infantibus expositis, l. I.

oserait ensuite accuser celui-ci de rapt les mêmes peines que contre l'homicide.

Le christianisme, il est triste de le reconnaître, ne put triompher en un jour, ni même en un siècle, de mœurs déplorables. Du moins lutta-t-il contre ces mœurs, de toutes ses forces, et c'est ce qu'il nous importait de démontrer.

CONCLUSION

Nous pouvons reprendre maintenant à juste titre le terme dont nous nous servions au début de ces pages : le christianisme opéra vraiment une révolution dans la conception que se faisaient les hommes de leurs devoirs réciproques. C'est à peine si quelques philosophes avaient entrevu une partie de ces devoirs; leurs théories nobles bien qu'imparfaites n'avaient à aucun degré pénétré jusqu'aux mœurs. Elles n'avaient eu sur les gouvernants, sur les législateurs eux-mêmes qu'une prise légère. Encore est-on en droit de revendiquer pour l'influence latente du christianisme une part dans ce léger progrès. Il y eut évidemment dans l'empire romain, grâce à un pouvoir intéressé au bonheur public, grâce à une longue paix, à l'affinement de la vie intellectuelle et morale, à la diffusion de la philosophe et de son alliée, la rhétorique, une tendance à corriger la cruauté des mœurs primitives. Mais ce n'était qu'une évolution lente, infiniment incomplète, vague sur bien des points, nulle sur d'autres, d'un caractère surtout négatif. La charité active, pratique, est à peu près inconnue du monde antique. Elle apparaît avec le christianisme, règle les cœurs, devient le ressort de la vie intérieure et de la vie sociale, elle couvre le monde de ses œuvres, embrasse tout, purifie tout. Il faudrait être dénué de toute bonne foi pour le nier.

Les ennemis du christianisme se tournent alors d'un autre côté. On stigmatise la charité. Elle devient une honte, une humiliation. Nous connaissons cette théorie. Nous savons de qui elle émane et ce qu'elle vaut. Ceux qui la préconisent de bonne foi prouvent simplement qu'ils n'ont rien compris à la charité chrétienne. Celle-ci n'est qu'amour, et l'amour n'est pas humiliant. Elle n'est pas humiliante, parce que, en pure théorie chrétienne, celui qui donne reçoit un bienfait égal de celui à qui il donne.

Enfin, il est un dernier reproche, assez spécieux, je le reconnais, mais qui tombe devant un examen attentif et impartial de la doctrine chrétienne sur la charité. On dit que la charité favorise la paresse, l'imprévoyance, la mendicité. Qu'on lise les Épîtres de saint Paul, les écrits des Pères, interprètes et adaptateurs de la doctrine du Christ, et l'on se convaincra sans peine que le christianisme, loin de détourner du travail, y invite, y oblige le fidèle. Saint Paul prêche d'exemple. Tout en maintenant son droit d'apôtre et de prédicateur à être nourri par la communauté, « parce que tout travail mérite salaire », il n'use point de ce droit. Partout où il passe, il travaille de ses mains, à son métier qui était de faire des tentes (1), ou à quelque autre occupation modeste et utile. Il peine le jour, il peine la nuit, afin de n'être à charge à personne (2). Il recommande à tous de faire de même. A certains illusionnés qui troublaient l'Église de leurs visions et, en récompense de leur prétendu bienfait spirituel, exigeaient le subside des fidèles, il rappelle formellement la loi du travail (3). Non seulement chacun doit

(1) Cod. Théod. *De patribus qui filios distrax, lex unica,* an 391.

(2) *Actes,* 18, 3.

(3) *Actes,* xx, 2, 33, 34, 35 ; *Ep. ad Thessal,* III, 8, 9.

travailler pour se soutenir, mais pour se mettre en état de venir en aide à ceux que l'âge, la maladie, les infirmités mettent dans l'impossibilité de gagner leur vie (1). L'Eglise impose le travail aux veuves valides qu'elle secourt, et pour les mêmes raisons. Elle recommande d'enseigner un métier aux orphelins. Le travail est de règle dans tous les monastères. C'est la civilisation païenne qui méprisait le travail. Le christianisme le réhabilite, l'impose comme une obligation.

Enfin les Pères mettent souvent en garde les évêques et les diaconies contre les mendiants vagabonds et paresseux, et même contre les moines, vrais ou faux, qui viennent en frelons manger la part du pauvre vraiment digne d'intérêt.

Que le christianisme n'ait pas supprimé les abus de la mendicité, que l'assistance continue à apparaître comme un mal nécessaire, nous l'accordons. Mais le motif n'en est pas dans le christianisme, il est en dehors. Si tous étaient sincèrement chrétiens, riches et pauvres, il n'y aurait pas d'abus et les inconvénients inhérents à l'assistance disparaîtraient.

Si la charité est d'essence divine, elle est d'application humaine. Le christianisme a pris toutes les précautions nécessaires pour l'épurer, pour la régler, pour prévenir les abus. Ces abus subsistent et subsisteront toujours parce que tout ce qui est humain est imparfait. C'est le cœur qui inspire la charité. Il importe que l'intelligence la dirige. C'est la seule conclusion à tirer de cette dernière catégorie d'objections. Les faits parlent assez d'eux-mêmes pour montrer qu'ici comme ailleurs le christianisme n'a point failli à sa tâche.

(1) *Ibid.* 10, 11, 12. *Si quelqu'un ne travaille pas, qu'il ne mange pas.* 4. *Id Ad Eph.* IV, 28.

TABLE DES MATIÈRES

FIN DE LA TABLE

IMPRIMERIE BUSSIÈRE. — SAINT-AMAND (CHER).